Göttert | Astrologie. 100 Seiten

* Reclam 100 Seiten *

KARL-HEINZ GÖTTERT, geb. 1943, ist emeritierter Professor für Ältere Deutsche Sprache und Literatur an der Universität Köln. Der Autor zahlreicher Fach- und Sachbücher interessiert sich seit seiner Jugend für Astrologie und hat schon manchem seiner Freunde ein Horoskop erstellt.

Karl-Heinz Göttert

Astrologie. 100 Seiten

RECLAM

2020 Philipp Reclam jun. Verlag GmbH,
Siemensstraße 32, 71254 Ditzingen
Umschlaggestaltung nach einem Konzept von zero-media.net
Infografiken (S. 91, 97): annodare GmbH, Agentur für Marketing
Bildnachweis: S. 8 GPL / NebMaatRa – ok; S. 11 The History Collection / Alamy Stock Foto; S. 17 wikimedia / Ralf Roleček; S. 29 © iStockphoto.com/ZU_09; S. 39 akg-images; S. 66 Granger Historical Picture Archive / Alamy Stock Foto; S. 88 CC0 1.0; Autorenfoto: privat
Druck und Bindung: Kösel GmbH & Co. KG,
Am Buchweg 1, 87452 Altusried-Krugzell
Printed in Germany 2020
RECLAM ist eine eingetragene Marke
der Philipp Reclam jun. GmbH & Co. KG, Stuttgart
ISBN 978-3-15-020572-3

Auch als E-Book erhältlich

www.reclam.de

Für mehr Informationen zur 100-Seiten-Reihe:
www.reclam.de/100Seiten

Inhalt

Vom Elend heutiger Horoskope

Die beliebtesten Horoskope hat die *Bild-Zeitung*. Jeden Tag versorgt sie ihr Publikum mit Trost, mit Hoffnung, mit dem Vergnügen, dass es in dieser Welt geordnet zugeht. Man ist im Februar geboren, im Sternzeichen der Fische, und kann in der entsprechenden Rubrik die Nachricht finden, was einem in aller Regel an Gutem bevorsteht. Und das ganz ohne sein Zutun, ohne Anstrengung, nur deshalb, weil die Sterne sich etwas ausgedacht haben. Oder der Redakteur der Zeitung. Klar, man traut der Zeitung letztlich nicht wirklich. Aber was heißt das schon? Sind »Fische« nicht doch irgendwie so, wie sie sind? Schwimmen zum Beispiel durch alles durch. Oder was man sonst so von diesem oder jenem Exemplar aus langer Erfahrung weiß. Und an diesem Tag, sagen wir: Mittwoch, dem soundsovielten, stehen die Sterne auf eine Weise, dass »Fische« eben dies und das erleben werden.

Wer das kritisiert, hält sich in der Regel für »aufgeklärt«. Aber er übersieht etwas. Was die *Bild-Zeitung* bietet, ist so interessant denn doch nicht. Es ist schlicht zu einfach. An solcherlei Prognosen haben auch unsere Voreltern nicht geglaubt. Ich soll mich auf eine interessante Begegnung einstellen? Oder auf eine Schwierigkeit im Beruf, die sich bei etwas Einsatz lösen lässt? Und meine Millionen und Abermillionen Mitfische auch, wenn man davon ausgeht, dass jeder zwölfte Mensch in diesem Lande, unter diesem Himmel, statistisch ein »Fisch« ist? Sagen wir es etwas deutlicher: Was die Leser solcher Zeitungen lesen, ist schlicht der schäbige Rest einer Tradition, die man sich nicht kompliziert genug vorstellen kann. Es mag »aufgeklärt« sein, nicht an ein Horoskop der *Bild-Zeitung* zu glauben. Aber das reicht nicht, um über Horoskope zu urteilen.

Wie wäre es zum Beispiel mit Goethe? In seiner Autobiographie *Dichtung und Wahrheit* beginnt das »Erste Buch« mit folgender Bemerkung: »Am 28. August, mittags mit dem Glockenschlage zwölf, kam ich in Frankfurt am Main auf die Welt. Die Konstellation war glücklich; die Sonne stand im Zeichen der Jungfrau, und kulminierte für den Tag; Jupiter und Venus blickten sich freundlich an, Merkur nicht widerwärtig; Saturn und Mars verhielten sich gleichgültig: nur der Mond, der soeben voll ward, übte die Kraft seines Gegenscheins umso mehr, als zugleich seine Planetenstunde eingetreten war. Er widersetzte sich daher meiner Geburt, die nicht eher erfolgen konnte, als bis diese Stunde vorübergegangen.« Worauf der Dichter hinzufügt, die Astrologen hätten »diese guten Aspekte« später als glückbringend gedeutet, denn die Hebamme war ungeschickt gewesen und hätte fast den Tod des Neugeborenen bewirkt. Aber eben nicht unter diesen Sternen.

Was ist bei Goethe anders als in der *Bild-Zeitung*? Es geht um die genaue Geburtsstunde, nicht um den Monat, sondern um Tag und Uhrzeit, um Glockenschlag zwölf. Und es geht auch nicht um die Sonne im Sternkreis allein, sondern um ihre Stellung ganz genau, ihre »Kulmination«, ihren Höhepunkt an diesem Tag. Weiter um den Mond und die Planeten. Die

»sahen sich an«, nicht irgendwie, sondern in bestimmten Winkeln. Da gibt es also jede Menge Zeichen am Himmel, deren Deutung nur Experten mit langer Erfahrung wagen können. Anders ausgedrückt: die die Bedeutung (genauer noch: Vorbedeutung) dessen erkennen, was zu genau dieser Stunde für den Neuankömmling am Himmel zu sehen war.

Gesehen? Klar, hier liegt eine Schwierigkeit. Sehr unwahrscheinlich, dass der kleine Johann Wolfgang, der in diesem Moment noch nicht einmal Johann Wolfgang hieß, mit seinen vermutlich fest geschlossenen Augen etwas »gesehen« hat. Wo sich das Ganze auch noch in einem geschlossenen Zimmer abspielte, in dem allenfalls etwas zu hören war, die Schmerzensschreie der Mutter zum Beispiel. Da kommen wir der Sache mit der »Aufklärung« schon näher, denn wer an diese Art von Horoskop »glaubt«, muss jetzt sehr über seinen rationalistischen Schatten springen. Er muss nämlich glauben, dass dieses Sehen nichts mit den Augen zu tun hat, sondern mit der Seele.

Mit was, bitte? Ja, mit der Seele. Man glaubte seit der Antike – der sehr rational denkenden, nebenbei bemerkt, das Folgende sagt nämlich Platon –, dass der Mensch eine »Ähnlichkeit« mit dem Kosmos hat. Sein Kopf ist so rund wie die Welt, und beide haben gleichermaßen eine Seele, ja diese Seelen sind aufeinander bezogen. Noch wichtiger: Die menschliche Seele »sieht«, sie sieht den Kosmos. Sonne, Mond, Sterne, Planeten zeigen sich in genau dieser, kaum jemals wiederholter Weise, denn das »Planetenjahr« mit Rückkehr all der Himmelskörper an die gleiche Stelle währt Jahrtausende. Das ist der »Witz« am Horoskop. Jeder Mensch hat sein eigenes, festgelegt in der Stunde der Geburt, in der die Seele zum ersten Mal den Kosmos erblickt und diesen überwältigenden

Moment nie mehr vergisst. Übrigens bedeutet »Horoskop« ja nichts anders als »die Stunde schauen«.

Auch der kleine und dann immer größere Johann Wolfgang hat diese Stunde also nicht vergessen. Wie niemand sie vergisst, weil die Seele so ist, wie sie ist, und jeder Mensch mit ihr am Himmel »hängt«. Der sich natürlich weiterdreht und immer neue Bilder zeigt, die der Seele etwas verkünden können, wenn man denn die Zeichen zu deuten weiß. Dem Geburtshoroskop folgt das Elektionshoroskop, das die richtige Stunde für irgendein Vorhaben festlegt. Man kann immer weiter in diesem Kosmos »lesen«, denn er steht mit der Seele in unkündbarer Beziehung. Wer es nicht tut oder nicht glaubt oder sonst wie ignorant ist, ist selbst schuld. Der Schöpfer des Himmels und des Menschen hat sich jedenfalls etwas bei seiner Schöpfung gedacht. Er wollte seine Geschöpfe nicht völlig allein lassen. Er gab ihnen Zeichen zur Orientierung. Zuerst einmal hat er sie »geprägt«, ihnen einen ganz speziellen »Charakter« gegeben. Und dann können diese Geschöpfe selbst weitermachen und sich orientieren. Oder eben nicht. Dann sind sie eben arm dran.

Ist das Astrologie? Das Horoskop bzw. das Horoskopieren ist auf jeden Fall ein zentraler Teil von ihr. Generationen und ganze Völker haben sich daran abgearbeitet, von der Antike bis in die Frühe Neuzeit gibt es das Nebeneinander von Gläubigen und Ungläubigen nicht etwa nur im »Volk«, sondern auch unter den Intellektuellen. Und es ist bis heute viel davon übriggeblieben, auch bei denen, die nicht mehr daran glauben. Man spricht zum Beispiel von einem »jovialen« Charakter und meint damit einen irgendwie gutmütigen Menschen, keinen Nerfling. Warum? Weil er von Jupiter (*Jovis*) geprägt wurde. Und was ist, wenn Börsenleute von »Konjunktur« reden, normale Menschen von »Aspekten« oder davon, dass jemand im »Zenit« seines Wirkens steht? Eben, alles Ausdrücke, die in der Astrologie eine Rolle spielen, wie wir bald sehen werden.

Was das besagt? Dass die Astrologie einmal »große« Wissenschaft war, die mit *big data* arbeitete und damit zeitweise zum Modell von Wissenschaftlichkeit überhaupt wurde. Ihre Äußerungen und die Kritik daran waren seit dem Buchdruck regelmäßig »Medienereignisse«. Und ganz nebenbei: In der Kunstgeschichte haben wir die grandiosen Bilder des Himmels mit seinen Sternen und Planeten in den Kirchen und Palazzi, von zahllosen Kalenderblättern nicht zu reden. Astrologie – darauf kommt es hier an – gehörte einmal zu unserer Kultur. Bis sich die Zweifel im entscheidenden Punkt häuften: dass wir Menschen mit dem Himmel über uns *wirklich* »zusammenhängen«.

Antike Anfänge

Kalender und Wahrsagung

Bekanntlich hatte und hat die Astrologie eine Schwester, viele würden vielleicht lieber von einer Stiefschwester sprechen: die Astronomie. Das familiäre Verhältnis ist durchaus klar: Beide gehören zur Sternkunde, die eine beschränkt sich aufs Beobachten und Rechnen, die andere – die hier im Vordergrund steht – zieht daraus ihre deutenden Schlüsse. Lange Zeit hat man die beiden nicht streng getrennt, so wie man Schwestern manchmal nur an ihrer Kleidung unterscheiden kann. Denn am Anfang steht schlicht der Blick nach oben und der Wille, in dieser überwältigenden Fülle, die wir heute nur noch in buchstäblich ungetrübten Gegenden erleben, Ordnung zu schaffen.

Ohne die Sterne gäbe es zum Beispiel etwas nicht, was unser Leben definitiv und ohne jeden Zweifel beherrscht: die Zeit, besser gesagt die regelmäßige Abfolge von Tag und Nacht, von Sommer und Winter, wovon schlicht das Überleben abhing. Man weiß, dass die Ägypter sehnlichst die jährliche Nilflut erwarteten, weshalb sie eine Vorstellung davon haben mussten, was ein Jahr ist. In der gleichen frühen Ära befassten sich damit ihre Nachbarn im Zweistromland, in Babylon. Und man weiß auch, wie schwierig es war, die Zusammenhänge zu durchschauen, herauszufinden, wie genau man ein Jahr abgrenzt. Denn der wichtigste Taktgeber, der Mond mit seinem so gut zu beobachtenden Wechsel von Fülle und Verschwinden, hatte die unangenehme Eigenschaft, dass er nur ungefähr zwölfmal ins Jahr passt, dass es diesen dummen Überschuss gibt, der dazu zwingt, das Jahr nach weiteren Kennzeichen abzusuchen, um kein zu langes oder zu kurzes zu bekommen, mit dem sich nach einiger Zeit die tatsächlichen Jahreszeiten verschoben.

Der Sternenhimmel, so ungeheuer eindrucksvoll er mit seiner Regelmäßigkeit war, machte also genaues Hinsehen, Aufzeichnen, Berechnen nötig. Sehr rasch aber kam auch die Vermutung auf, dass das alles da oben etwas zu tun haben müsse mit dem Geschehen hier unten, dass alles in den Sternen geschrieben steht, dass das Schicksal von ihnen vorherbestimmt ist. Wie die anfangs spärlichen Quellen zeigen, beziehen sich erste Prognosen noch eher auf Wettererscheinungen und politische Großereignisse. Am Verschwinden und Wiederauftauchen der Venus zu bestimmten Zeiten wurde auf gute oder schlechte Ernte geschlossen, bei besonderer Stellung zur Sonne auf den Untergang einer Dynastie. Man hat deshalb von »Omen-Astrologie« gesprochen, also einer Lehre von guten oder schlechten Vorzeichen am Himmel, wonach bestimmte Zeitpunkte entsprechend als gut oder schlecht für bestimmte Vorhaben galten – diese »Tagewählerei« wurde übrigens bereits von Mose im Alten Testament verboten (5 Mose 18,10).

Eine erste Systematik der Astrologie fällt in die Zeit des Hellenismus, also in die Zeit nach der Aufteilung des Alexan-

Diagonalsternuhr in Särgen des Mittleren Reiches im Alten Ägypten. Sarg des Nacht, wohl aus Assiut, 11./12. Dynastie

derreiches mit der Entstehung der großen Machtgebilde in Ägypten, im Vorderen Orient und dem griechischen Mutterland. Vor allem die noch von Alexander dem Großen selbst gegründete Stadt im Nildelta, Alexandria, entwickelte sich zu einem Zentrum der damaligen Wissenschaft, allein schon mit ihrer legendären Bibliothek. Hier entstand im 2. Jahrhundert v. Chr. ein erstes Kompendium der Astrologie, das angeblich auf den Pharao Nechepso und seinen Priester Petosiris in längst vergangenen Zeiten zurückging – bekannt als *Nechepso-Petosiris*. Danach entwickelten sich rasch weitere Werke, ohne die eine anspruchsvolle Astrologie nicht mehr zu betreiben war. Zu ihrem Grundriss gehören fünf Lehrstücke, die mit Abwandlungen für immer die Grundlage der Astrologie bilden sollten.

Die Hauptlehrstücke der Astrologie

1. Die Himmelspunkte: Wer den Himmel beobachtet und Regelmäßigkeiten erkennen will, braucht feste Punkte. Sie beziehen sich auf die Ekliptik, die Bahn, die die Sonne jeden Tag durchläuft, genau wie nachts der Mond und die Planeten. Diese Bahn muss relativ breit angelegt sein, als eine Art Band, denn die Himmelskörper stehen mal höher, mal tiefer über dem Horizont – die Sonne selbst im Sommer wesentlich höher als im Winter. Der oberste Punkt bildet die Kulmination. In der Astrologie hat immer der Aufgang die wichtigste Rolle gespielt, der Aszendent. Welches Gestirn zeigt sich bei der Geburt gerade im äußersten Osten? Genau gegenüber liegt im Westen der Ort des Untergangs, der Deszendent.

2. Die Tierkreisbilder: Mit der Entscheidung, das Jahr in zwölf Monate zu teilen, ergab sich eine Aufteilung der Sonnenbahn in zwölf gleiche Abschnitte, die zur leichteren Orientierung mit Namen benannt wurden. Sie gehen fast vollständig auf die babylonischen zurück, nur die Jungfrau war ursprünglich die Ähre, der Steinbock der Ziegenfisch. Am Beginn der Reihe steht der Widder, mit dessen »Aufgehen« der Frühling beginnt. Die folgenden Sternzeichen lassen sich in Gruppen zusammenfassen: in männliche und weibliche (Wassermann und Jungfrau), doppelte (wie die Fische und die Zwillinge) und einfache, wässrige wie die Fische oder luftige wie der

Schütze. Allen Zeichen aber wurden Eigenschafen zugeschrieben. Nach dem Babylonier Teukros etwa sind Widder-Menschen großnasig, schwarzäugig, kahlköpfig, vornehm tuend, mager, wohlgewachsen, dünnschenklig, von schöner Stirne und edler Gesinnung.

3. Die Planeten: Mindestens ebenso große Bedeutung wie die Tierkreisbilder haben die Planeten, die Wandelsterne, Auch sie besitzen feste Eigenschaften bzw. Naturen, die sie auf die in ihrem Zeichen Geborenen entsprechend übertragen. Beim Mars etwa ist es die Kampflust, bei Jupiter genau umgekehrt die Verträglichkeit, bei Venus die Liebe. Dabei ergibt sich die genauere Wirkungsweise in Abhängigkeit von demjenigen Tierkreiszeichen, in dem sie sich gerade aufhalten. Alle Planeten haben »Wohnungen«, in denen sie ihre größte Wirkung ausüben.

4. Von besonderer Bedeutung sind weiter die »Aspekte«, die Winkel, in denen die Planeten zueinander stehen bzw. in denen sie sich gegenseitig »ansehen«. Bei einem Winkel von 180 Grad befinden sie sich in Opposition, treffen sie auf ihrer Bahn zusammen, in Konjunktion. Bei 90 Grad stehen sie im Quadrat, bei 60 im Sextil, bei 120 im Trigon. Damit verbinden sich Wertungen: Opposition und Quadrat sind ungünstig, Trigon und Sextil günstig.

5. Die Häuser: Eine letzte Dimension der Deutung kommt durch die sogenannten »Häuser« hinzu. Während der Tierkreis beim Horoskop immer so »gedreht« wird, dass sich das in der Geburtsminute aufgehende Sternbild im äußersten Osten zeigt, »legen« sich die Häuser nach einem festen Schema auf den Tierkreis, beginnend mit dem 1. Haus genau auf dem Aszendenten, wonach sämtliche weitere Häuser gegen den Uhrzeigersinn folgen. Dann liest man ab, welche Sternzeichen

Die Planeten in ihren Wohnungen. Titelholzschnitt von Georg Peuerbach zu Leonhard Reymanns Nativität-Kalender von 1515

und besonders welche Planeten in welchem Haus »stehen«. Das 1. Haus ist das Haus des Lebens, die weiteren Häuser sind dem Gewinn, den Geschwistern, den Eltern, den eigenen Kindern, der Gesundheit, der Ehe, dem Tod, weiter Reisen, Ehren, Freunden und ganz zum Schluss den Feinden gewidmet. Steht die Venus zum Beispiel im Haus der Ehe, eröffnet dies natürlich beste Aussichten. Bei Mars im Haus der Gesundheit darf man dagegen nichts Gutes erwarten.

Damit sind die Hauptgesichtspunkte des Horoskopierens genannt. Es gibt noch weitere wie etwa die Dekane, die die Sternbilder weiter unterteilen, insgesamt 36, also pro Sternbild drei. Bei *Nechepso-Petosiris* sind diese Dekane besonders furchterregende Gestalten, die den Menschen schaden. Sie tauchen in der Tradition hin und wieder (zum Beispiel in der Renaissance), aber nicht durchgängig auf. Die genannten Hauptpunkte haben sich dagegen in der Tradition verfestigt, auch wenn es unterschiedliche Deutungen gibt.

Antike Kritik

Wer sich für die Anfänge der Astrologie interessiert, wird an die klassische griechische Antike denken. Aber dort stößt man nicht auf Astrologie. Sokrates, Platon, Aristoteles – komplette Fehlanzeige. Es gab zwar eine rege »Naturphilosophie«, aber die bezog sich auf Erklärungen für das rätselhafte Werden und Vergehen bei einer Stabilität des Ganzen. Gibt es zum Beispiel einen »Urstoff« und wenn ja: vielleicht das Wasser oder doch eher das Feuer? Der Rest war Rechnen. Von Thales in Milet wird die schöne Anekdote berichtet, dass er beim Blick in den Himmel in eine Grube stürzte und von einer schlichten Magd dafür verlacht wurde. Was suchte Thales da oben? Auf jeden Fall Ordnung, zum Beispiel, um eine Sonnenfinsternis voraussagen zu können, wie man es ihm zuschrieb. Im antiken Griechenland betrieb man, wenn überhaupt, Astronomie, nicht Astrologie.

Aber das Interesse änderte sich und die Welt wuchs zusammen. Als die Römer in endlosen Kriegen ihr Riesenreich errichtet hatten, bildete der Hellenismus die gemeinsame Kultur, in die auch »östliche« Lehren einflossen. Damit traf Astronomie auf Astrologie, wobei es durchaus zur Abwehr kam – in Rom wurden 139 v. Chr. die Astrologie treibenden »Chaldäer«, womit die Babylonier gemeint waren, ausgewiesen. Weil in Rom jedoch immer schon die Zukunft an Zeichen abgelesen wurde, bei der Leberschau wie im Hinblick auf die Deutung des Vogelflugs, wurde irgendwann auch die Zeichenwelt des Ostens attraktiv und begierig aufgenommen. Plinius der Ältere berichtet in der frühen Kaiserzeit, also im 1. Jahrhundert n. Chr., von einer entsprechenden Mode, die er scharf ablehnte. Schon Cicero, der erfolglose Verteidiger der alten Republik gegen Caesar, schrieb ein kleines Buch *Über die Wahrsagung* im Allgemeinen, bei der auch die astrologische Form im Besonderen eine Rolle spielt – und verurteilt sie.

Cicero argumentiert dabei als Intellektueller, der sich für den Staat verantwortlich sieht, und stellt die Frage, ob die Wahrsagerei eigentlich rational sei oder ob das Weltreich Rom allmählich dem »Aberglauben alter Weiber« verfalle.

Für die Wahrsagerei spricht: Es gibt erstens zahlreiche Fälle von Prophezeiungen, die sich erfüllt haben. Es liegt zweitens nahe, dass sich die Götter um die Welt, die sie geschaffen haben, auch kümmern und die Menschen mit »Zeichen« versorgen. Weiter: In der Medizin urteilt man ebenfalls aufgrund von »Zeichen« wie etwa dem geröteten Gesicht bei Fieber. Auch jeder Seefahrer schaut nach dem Himmel, um in den Wolken ein sich ankündigendes Gewitter auszumachen.

Gegen die Wahrsagerei spricht: Zeichen am Körper entwickeln sich nicht per Zufall, und auch das Aufkommen eines Sturms folgt »natürlichen« Gründen. Wahrsagung aber stützt sich immer auf »zufällige« Zeichen, die sich in der Regel bloßer Analogie verdanken. Witzig fragt Cicero, ob man sich Sorgen um den Staat machen müsse, wenn Mäuse in der Bibliothek ein Exemplar von Platons *Staat* angeknabbert hätten. Genauso zufällig aber erscheint ihm die Geburt von Menschen unter Sternbildern und Planeten. Und überhaupt: Wieso sollen unendlich weit entfernte Himmelskörper ein Leben prägen können? Wieso sollen die gleichzeitig Geborenen ein gleiches Geschick haben, wo doch an jedem Ort der Erde die Sterne samt ihren Aspekten anders erscheinen? Das Ganze endet im Stoßseufzer: »Welch unglaublicher Wahnsinn!«

Diese und weitere Kritik wie etwa die sehr einschlägige von Aulus Gellius in den *Attischen Nächten* im 2. Jahrhundert n. Chr. hätte es jedoch nicht gegeben, wenn die Astrologie nicht überall verbreitet gewesen wäre. Erste Bücher fassten die Lehren zusammen, zum Beispiel die *Astronomica* von Marcus Manilius zur Zeit von Kaiser Augustus. Längst hatten die philosophischen Schulen das Thema aufgegriffen. In der auf Platon zurückgehenden Akademie (der Cicero angehörte) war man skeptisch eingestellt, in der konkurrierenden Stoa dagegen feierte man die Ordnung im Kosmos als Grund einer Lehre von der Sympathie auch unter den Menschen – mit begeistertem Zuspruch zur Astrologie, deren Lehre geradezu als Beweis dafür galt, dass es Götter gibt. Es bedurfte lediglich

Claudius Ptolemäus. Neuzeitliches Idealporträt

einer Persönlichkeit, die die Astrologie nicht nur mit ihren Verfahren darstellte, sondern diese Verfahren überzeugend begründete. Diese Persönlichkeit kam mit Claudius Ptolemäus, der im 2. Jahrhundert n. Chr. in Alexandria, immer noch einem Epizentrum des Hellenismus, lehrte.

Eine philosophische Begründung der Astrologie

Man kennt Ptolemäus heute in erster Linie als den Begründer des »ptolemäischen« Weltbildes: der Lehre von der Mittelpunktstellung der Erde im Kosmos. Und man weiß natürlich, dass diese Lehre falsch war – wusste es in Einzelfällen auch schon damals. Ptolemäus' Zeitgenosse Aristarch nämlich hatte eindrucksvoll begründet, dass nicht die Erde, sondern die Sonne im Zentrum steht – und handelte sich damit eine Anklage wegen Gottlosigkeit ein. Damit war das Problem für mehr als 1000 Jahre erledigt, bis zu Kopernikus und dessen Begründung des bis heute gültigen »kopernikanischen« Weltbildes, das bekanntlich ebenfalls die Autoritäten alarmierte: in diesem Fall die Kirche, die Probleme mit der Bibel sah.

Aber zurück zu Ptolemäus. Dieser Gelehrte war in erster Linie Mathematiker, hatte seine astronomische Theorie entsprechend auf Mathematik gebaut: in seinem Werk *Almagest*. Es fußt auf der Kugelgestalt der Erde (im Gegensatz zur älteren Scheibentheorie) in einem kugelförmigen Kosmos, wie es schon Aristoteles beschrieben hatte. Danach bewegten sich die Sterne gewissermaßen auf konzentrischen kristallinen Schalen, waren an sie »angeheftet«. Um die Erde waren dies zunächst die »inneren Planeten« Mond, Merkur und Venus, es folgte die Sonne in der Mitte, danach die »äußeren Planeten« Mars, Jupiter, Saturn. Ganz außen gab es eine letzte Schale mit den Sternen, die sich in Sternbildern zusammenfassen ließen.

Das eigentliche Problem bei diesem Modell stellten die Planeten dar. Sie umrunden die Erde aufgrund ihrer unterschiedlichen Entfernung in unterschiedlicher Zeit. Der Mond benötigt ungefähr 28 Tage, die Sonne ein Jahr, Saturn als der letzte Planet ca. 29 Jahre. Aber das war nicht das einzige Problem. Die

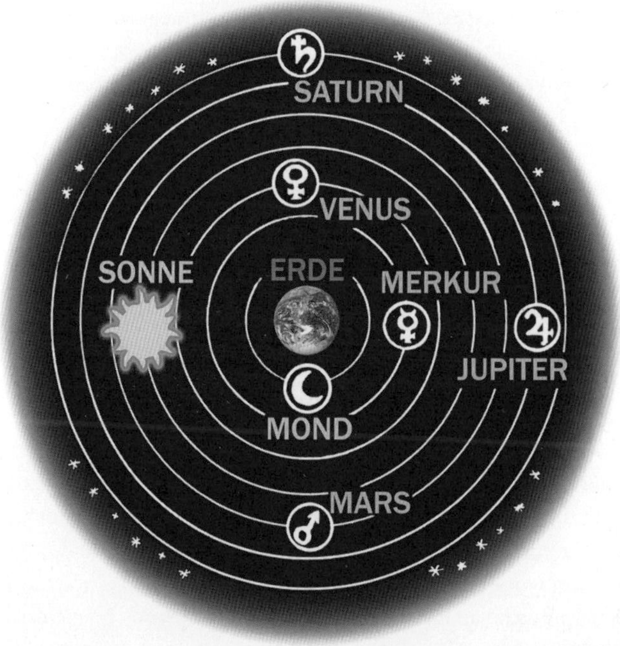

Das ptolemäische System mit der Erde im Zentrum

inneren Planeten umkreisen die Erde so, dass sie Tag für Tag regelmäßig weiterrücken – wer an einem Abend zum Mond aufschaut, findet ihn am nächsten Abend ein Stück weiter, bis er nach den 28 Tagen wieder dieselbe Stelle einnimmt. Die äußeren Planeten rücken ebenfalls weiter, kehren aber plötzlich wieder zurück, um dann die alte Bewegung weiterzuführen (natürlich nur scheinbar, weil wir sie von einer Erde aus beobachten, die sich selbst mitdreht). Aristoteles hatte dafür die Theorie, dass diese Planeten nicht an einer einzigen Sphäre angeheftet sind, sondern von einer schnelleren zu einer langsameren »springen«. Das wurde sehr kompliziert, führte zu einem Rechnen mit 55 Sphären. Ptolemäus fand eine mathematisch befriedigendere Lösung, indem er von einer Art Schleifenbewegung ausging: Die Planeten führen auf ihrer (leicht »deferenten«, also gegenüber dem Mittelpunkt leicht verschobenen) Bahn kleine Kreise aus, die sich um eigene Mittelpunkte drehen, genannt »Epizyklen«, woraus sich die Vorwärts- und Rückwärtsbewegung erklärt. Tatsächlich ließ sich damit sehr gut rechnen.

Während Ptolemäus in seinem der Astronomie gewidmeten *Almagest* den Kosmos also letztlich »falsch« konzipierte, hatte er bezüglich der Geographie in seiner *Geographia* bessere Voraussetzungen. Zwar entlehnte er die Berechnung des Erdumfangs nicht seinem Zeitgenossen Eratosthenes mit dem fast exakten Ergebnis, sondern übernahm dieses von Poseidonios, der auf wenig mehr als die Hälfte gekommen war – was noch Kolumbus zu seinem übertriebenen Optimismus hinsichtlich einer Erreichung von China bei einer Fahrt nach Westen führen sollte. Aber Ptolemäus arbeitete mit einem Nullmeridian, den er durch die kanarischen Inseln legte, führte die Einteilung nach 360 Grad Länge sowie jeweils 90 Grad nördlicher und südlicher Breite ein und spekulierte sogar über einen Subkontinent mit Namen »Terra australis«.

Man sieht also, mit welchem Kaliber man es zu tun bekommt, wenn man sich an das Metier macht, mit dem Ptolemäus letztlich am bekanntesten geworden ist: mit der Astrologie, als Buch ausgeführt in der *Tetrabiblos* (griechisch für »Viererbuch«). Man kann durchaus von der »Bibel« der Astrologie sprechen. Und dieses Werk beschäftigt sich nicht nur

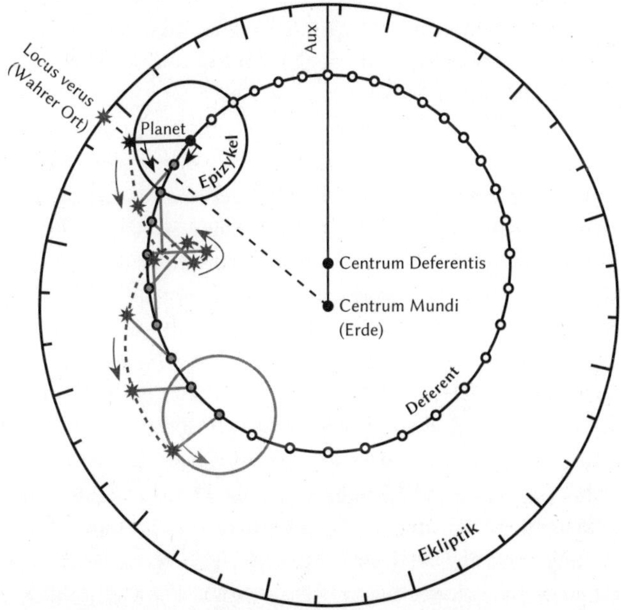

Darstellung von Deferent und Epizykel nach Ptolemäus

mit der »Technik«, sondern bietet eine Begründung in Zeiten, in denen die Astrologie längst unter Druck stand. Denn genau damit beginnt Ptolemäus, mit der Antwort auf Einwände. Die Astrologie habe es zwar nicht mit exakten und unumstößlichen Tatsachen zu tun, aber dies gelte auch für die Philosophie. Es liege jedoch auf der Hand, dass es himmlische Kräfte gebe, die auf Erden wirksam sind und an denen niemand jemals gezweifelt hat: das Wachstum der Pflanzen zum Beispiel. Und es gebe weitere Hinweise, die wenigstens von den Kennern nicht bestritten würden: die Abhängigkeit der Gezeiten vom Mond, sogar Reaktionen im Pflanzenreich wie das Schwellen und Strotzen bei zunehmendem, das Abnehmen und Verdorren bei abnehmendem Mond.

Wieso also sollte es nicht mehr von diesen Wirkungen geben, auch wenn sie im Einzelnen nicht sicher sind? Im Übrigen richteten sich die Schiffe auf See nach Anzeichen für Regen und Wind, auch wenn die Zeichen manchmal trögen. Unzuverlässigkeit sei jedenfalls kein Einwand, zumal sie ihren Grund oft in Unzulänglichkeiten der Verkünder habe – Irrtümer gebe es in jeder Wissenschaft. Die Vorhersagen könnten sich nur auf systematische Beobachtungen stützen, aber diese beruhten tatsächlich auf Bedingungen, die sich niemals mehr ganz genau wiederholten, weshalb Exaktheit auch nicht zu erwarten sei. Nicht nur dass es unmöglich sei, alles zu berücksichtigen, schon die Zeitnahme sei ein Problem – die damals gebräuchlichen Sonnen- wie die Wasseruhren waren einfach zu ungenau. Die Astrologie scheitere also wenn überhaupt, dann an mangelnder Technik. Dass man sich von der üblichen Geschäftemacherei nicht irritieren lassen dürfe, ist nur am Rande bemerkt.

Ptolemäus lässt sich weiter auf den philosophischen Kern des Problems ein: auf die Frage der Vorherbestimmung, der Determination. Was soll ein Vorherwissen nützen, wenn Widriges nicht abgewendet werden kann? Die Antwort des Stoikers Ptolemäus geht in eine doppelte Richtung: Erstens sei bei Vorherwissen statt des unbekümmerten und womöglich schädlichen Auslebens von Leidenschaften deren Bändigung möglich. Zweitens bestimme der Himmel Schicksale eher allgemein, weniger individuell. Pest oder Überschwemmungen zum Beispiel träfen nicht jeden gleich, und vor allem könne man ihnen vorbeugen. Der Astrologe ähnele also dem Arzt, der aus Zeichen die Zukunft eines Geschwürs »berechnet« u. mit Wundbehandlung reagiert. So gesehen könne der Astrologe wie der Arzt die »notwendige« Zukunft durchkreuzen, indem er in die Verläufe eingreife.

Ptolemäus macht dies allerdings an einem denkbar schwachen Beispiel deutlich. Der Magnet ziehe Eisen an, heißt es, aber man könne diese Wirkung aufheben, wenn man den Magneten mit Knoblauch einreibe. Schon besser das Beispiel, dass man sich gegen Witterungseinflüsse bzw. die Jahreszeiten mit entsprechender Kleidung schütze. Die Tendenz ist jedoch klar: Die Astrologie sollte nützlich sein, der Lebensführung dienen, indem sich der Einzelne durch sie gegen die Einwirkungen des Himmels schützt.

Soweit war die Astrologie auf philosophischer Ebene verteidigt, gewissermaßen gesellschaftsfähig gemacht – man konnte sie nicht einfach als etwas »Irrationales« abtun. Die Verwissenschaftlichung reichte aber weiter, suchte Anschluss an die Naturphilosophie. Ein Beispiel dafür ist die Lehre vom »Charakter« der Planeten. Wenn man liest, dass Saturn träge und schwer ist und deshalb Krankheiten wie Rheuma oder Schwindsucht auslöst, während Mars als schnell und beweglich gilt und deshalb Fieber oder Blutstürze bewirkt, stützt sich Ptolemäus nämlich auf die Elementenlehre des Aristoteles. Danach ist Saturn dem Element Erde zugeordnet, dem nach Aristoteles die Qualität des Kalten und Trockenen entspricht, woraus sich dann Charakter und »Krankheit« ergeben. Genauso im Falle des Mars, der dem Element des Feuers zugeordnet ist und daher seinen Charakter hat bzw. entsprechende Krankheiten auslöst.

Allerdings stößt Ptolemäus selbst auf das Unlogische oder gar Widersprüchliche solcher Deutungen in den vorgefundenen Systemen und wundert sich etwa darüber, warum Saturn, wenn er in den ersten Graden der Waage steht, eine besondere Wirkung haben soll. Man sieht deutlich, dass Ptolemäus Bewertungen anstrebt, die sich »rational« begründen lassen. Warum sind Trigon (Dreieckstellung) und Sextil (Sechseckstellung) harmonisch, Quadrat und Opposition disharmonisch? In diesem Fall zeigt der Blick auf den kompletten Tierkreis, dass sich in den Trigonen »verwandte« Sternbilder (z. B. Krebs, Fische, Skorpion), im Quadrat »gegensätzliche« gegenüberstehen (z. B. Löwe und Stier, Wassermann und Skorpion). Wo Ptolemäus auf die Lehre von den Häusern und noch speziellere Interpretationsmethoden eingeht, gibt er Inkonsequenzen und Widersprüche in der Überlieferung zu, versucht sie zu glätten. Sein Ratschlag ist typisch wissenschaftlicher Art: Man möge einen Vergleich der Schriften anstellen.

Vom Horoskopieren

Ptolemäus hat sein Werk in vier Bücher geteilt: Das erste wurde gerade behandelt, es enthält das Grundsätzliche, die »Philosophie« der Astrologie. Ehe er jedoch im dritten und vierten Buch die Praxis des Horoskopierens ausführt, widmet er sich im zweiten Buch dem Einfluss der Sterne auf ganze Völker. Der Grund ist einfach: Als Geograph weiß er von verschiedenen Regionen mit ihren ganz unterschiedlichen klimatischen Bedingungen je nach dem Einfluss der Sonne: von Hitze im Süden der Nordhalbkugel und Kälte im Norden. Wie sollen da die Menschen überall gleich sein, gleiche Schicksale haben?

Und es gibt weitere Gründe für Unterschiede in den Sternen. Im Westen seien die Menschen »weichlicher« als im Osten. Warum? Weil der Mond nach seiner Konjunktion mit der Sonne (beim sogenannten Neumond) im Westen zuerst wieder sichtbar wird. Hier leben also mondbestimmte Menschen, während die sonnenbestimmten im Osten männlichere und festere Seelen besitzen. Die Zuordnung zum Mond mache die Menschen im Westen im übrigen zu Feinden jeglicher Unordnung, zu Reinlichkeitsfanatikern – und zu Homosexuellen.

Jedes Land der Erde wird dann einem Abschnitt von drei Zeichen im Tierkreis zugeordnet, wonach Germanien etwa im Widder-Löwe-Schützen auftaucht. Gleichzeitig sind den Ländern Planeten als »Herrscher« zugewiesen, wiederum Germanien den »abendlichen« Planeten Jupiter und Mars. Ergibt sich am Himmel eine bemerkenswerte Konstellation, in der diese Sternbilder und Planeten betroffen sind, hat dies Folgen für das entsprechende Land. Viele Jahrhunderte später ist dies noch von Bedeutung. In einer Prophezeiung des großen Brandes von London durch den englischen Astrologen William Lilly im Jahre 1651 (der dann 1666 Tatsache wurde) stürzen Zwillinge auf die Stadt herab – genau das Sternzeichen, das immer London repräsentierte.

Für die Art der Ereignisse, die als »allgemeine« Schicksale in Frage kommen, gibt Ptolemäus höchst konkrete Beispiele. Lange wucherndes Unheil unter den Menschen wird durch Schlangenbilder angezeigt, elementar ausbrechendes durch Tierbilder. Sonnen- oder Mondfinsternisse in einem »beflügelten« Sternbild wie dem Schwan deuten auf Schäden für das Federvieh. In wässrigen Zeichen wie in den Fischen sind Katastrophen für Wassertiere zu erwarten. Auch die Zeit der Finsternisse spielt eine Rolle: Am Abend ist die Wirkung kleiner, als wenn sie morgens eintritt. Über »gute« oder »böse« Auswirkungen entscheiden gleichzeitige Aspekte der Planeten.

Saturn bringt äußerstes Unglück: von Krankheiten über Unwetter bis zu Fischsterben. Jupiter lässt wie immer nur Gutes erwarten: Ruhm, Geschenke, reiche Ernte. Farben bei Finsternissen (und Kometen) bringen weitere Abstufungen.

Im dritten und vierten Buch der *Tetrabiblos* widmet sich Ptolemäus dann dem Thema, das immer zum wichtigsten, oft zum einzigen Bestandteil der Astrologie wurde: dem Horoskop, genauer: dem Geburtshoroskop, der Deutung des menschlichen Schicksals aus der Stellung der Sterne zum Zeitpunkt der Geburt. Ganz selbstverständlich ist dies nicht, weil man in der Tradition auch immer wieder das Empfängnishoroskop diskutierte – wozu übrigens noch Hildegard von Bingen im 12. Jahrhundert ausführliche Angaben macht. Eine große Schwierigkeit liegt dabei in der Bestimmung des genauen Zeitpunkts der Geburt, insofern als damals nur sehr unvollkommene Uhren zur Verfügung standen. Die genaue Zeitbestimmung aber ist die unabdingbare Grundlage des Ganzen: Sie ist verantwortlich für den genauen Stand der Sterne und Planeten, aus dem sich die Deutungen ableiten lassen.

Diese Deutungen sind eng mit der Häuserlehre verbunden: Es geht also um das Schicksal der Eltern, der Geschwister und der eigenen Kinder, um die äußere Gestalt und die inneren Anlagen (im dritten Buch), weiter das von außen kommende Schicksal wie Ansehen, Beruf, Ehe, Freunde und Feinde, bis hin zu Reisen und Tod (im vierten Buch). Auch das Schema der Deutung ist uns schon bekannt: Für jedes »Ereignis« sind bestimmte Sterne bzw. Sternkonstellationen in den Häusern verantwortlich. Beim Vater sind beispielsweise Sonne und Saturn einschlägig. Haben diese im Augenblick der Geburt »günstige« Begleiter (also etwa Jupiter), ist dem Vater ein günstiges Schicksal bestimmt. Steht Saturn östlich, hat er ein glückliches Leben zu erwarten und hinterlässt ein großes Erbe. Schauen sich im Falle der Mutter Jupiter und Venus »glücklich« an und stehen gleichzeitig in einem »guten« Aspekt mit Sonne und Saturn (also etwa im Trigon, nicht im Quadrat), ist ein langes Leben zu erwarten. Mars und Sonne im Quadrat töten dagegen beide Eltern schnell.

Bemerkenswert erscheint dabei die Detailliertheit der Voraussagen. Selbst Stotterer haben ihren eigenen »Stern«: In diesem Fall ist es Merkur in unglücklicher Position. Für die äußere Gestalt bis in die Hautfarbe und all die anderen Merkmale gibt es die entsprechenden Grundlagen am Himmel. Selbst eine Anlage zum Schnupfen, bei Verletzungen die genaue Art und Weise (Verkrüppelung oder Brandverletzung) besitzen ihre astrologischen Zeichen. Und immer ist Mathematik oder, sagen wir, Rechnen im Spiel. Bei der Frage nach der Länge des Lebens zieht es sich über viele (sehr schwer verständliche) Seiten hin. Wieder eine andere Sache ist es mit den Charakterisierungen der Himmelskörper bzw. der Festlegung ihrer »bösen« oder »guten« Eigenschaften. Hier spielt Analogie eine Rolle, Ähnlichkeit als Grundlage von analogen, ähnlichen Wirkungen. Man staunt nun eher über die Phantastik statt Exaktheit der Aussagen.

Zu Saturn etwa gibt es allerhand Widriges zu sagen, in »schädlicher« Stellung zum Mars steigert sich dies zu einem ganzen Unglückspool. Noch harmlos, wenn von Rücksichtslosigkeit, Unruhe, Kühnheit im Sichhervortun die Rede ist, in Kombination mit Feigheit, Unfreundlichkeit, finsterem Betragen. Es geht weiter mit fehlendem Mitleid, Nichtachtung gegenüber den Anderen, barsches, raues, streitsüchtiges Auftreten. Weiter sind Menschen unter diesem »Stern« betrügerisch, wissen heimtückisch den Schein zu wahren, demütigen sich vor niemandem, sind aufrührerisch gesinnt und tyrannisch, geldgierig, belästigen ihre Mitbürger, sind zänkisch und vergessen niemals Beleidigungen, stiften im Verborgenen Unheil, lassen sich nichts gefallen, sind grimmig lästig, ruhmrednerisch, Übeltäter und Ungerechte, die sich keiner gerechten Entscheidung beugen.

Unter unglücklichen Umständen machen diese Anlagen ihre Träger zu Räubern, Plünderern, Ehebrechern, gottlosen Frevlern mit unmenschlicher Gesinnung, Abschaum der Menschheit, Wegelagerern, Wüstlingen, Meineidigen, Menschen, die Mörder anheuern, Munddieben, Übeltätern, Mördern, Giftmischern, Gottlosen, Heiligtumsschändern, Leichenräubern und ganz allgemein Verbrechern.

Soweit also ein Beispiel für innere Veranlagung. Im vierten Buch widmet sich Ptolemäus den Ereignissen, die von außen kommen. Hat man Planeten mit günstigem Winkel zum Aszendenten, ist Reichtum die Folge. Wird Saturn von Jupiter glücklich »angeblickt«, gibt es reichste Erbschaft. Auch Ehre und Ansehen sind derart festgelegt. Ptolemäus gibt nebenbei eine Art Idealhoroskop für Könige, in dem natürlich alles günstig ist, was irgend günstig sein kann. Gewöhnliche Menschen müssen sich mit gewöhnlichen Schicksalen begnügen, z. B. mit Giftmord durch die Gattin oder wenigstens ständigen Zänkereien in der Ehe. Wer Ptolemäus' *Tetrabiblos* gelesen hat und auf dieses Wissen vertraut, wird sein Horoskop in großer Angst entgegennehmen. Das Leben erscheint jedenfalls insgesamt mehr als gefährdet.

Christliche Gegenwehr

Gnosis

Wer das Neue Testament kennt, weiß auch, dass das Christentum Berührung mit dem Sternenglauben hatte. Die einschlägigste Szene begegnet gleich zu Anfang des Lukas-Evangeliums. Christi Geburt wird durch einen Stern angekündigt, und drei Personen, die auf Latein als *magi* bezeichnet und von Luther als »Weise« übersetzt werden, finden mit dieser Hilfe den Weg zur Krippe. Dramatischer die Szenerie auf Golgatha: Den Tod Christi am Kreuz begleitet eine Sonnenfinsternis. Allerdings sorgte bereits der Apostel Paulus für eine deutliche Abgrenzung: Im Römerbrief (Röm 14,5) tadelt er diejenigen, die sich nach Wochentagsgöttern richten, im Kolosserbrief (Kol 2,16) diejenigen, die sich vom Mondlauf beeindrucken lassen.

Astrologiefrei blieb das Christentum damit jedoch keineswegs. Aus dem Osten kam der Kontakt mit der sogenannten Gnosis: wörtlich der Lehre von der »Erleuchtung«, mit der man in einer völlig missratenen Schöpfung bestehen kann. Denn diese Schöpfung verdanke sich nicht wohlwollenden Göttern wie in der griechischen Mythologie und schon gar nicht dem jüdisch-christlichen Erschaffer eines »guten« Kosmos, sondern einem »Demiurgen«, der die Welt als Hölle formte, mit einer durch und durch »bösen« Materie, in der die Menschen auch noch Quälgeistern in Gestalt der Dämonen ausgesetzt sind. Weltflucht und Sexualitätsverteufelung waren die Konsequenzen. Wir sind dem schon kurz begegnet, als von den »Dekanen« die Rede war – jenen Dämonen, die die 36 Abschnitte des Tierkreises bevölkern. Von dieser Lehre aber übernahm das frühe Christentum nicht unwesentliche Punkte – man denke an die Apokalypse des Johannes mit dem schrecklichen Weltuntergang, ganz abgesehen von der Verdächtigung alles »Fleischlichen«, speziell der Sexualität.

Andererseits kämpfte man gegen dieses Weltbild und in diesem Zusammenhang auch gegen die Astrologie. Einer der großen Kirchenväter, Tertullian (gest. nach 220), wehrt sich gegen die Astrologie mit dem Argument, all dies sei überflüssig geworden, weil der wahre Stern jetzt Christus selbst sei.

Hippolyt, der am Ende des 2. Jahrhunderts in Rom Bischof wurde, widmete in seiner *Widerlegung aller Häresien* ein ganzes Buch der Astrologie. Wir hören von den Horoskopiermethoden auf der Grundlage von Stern- und Planetenkonstellationen und den entscheidenden Einwand dagegen: Das Unternehmen scheitere an der Unwissenschaftlichkeit bzw. Unzuverlässigkeit des ganzen Vorgehens. Schon das Signal vom Beobachter im Geburtshaus an den Wächter in der Sternwarte brauche Zeit, wobei Hippolyt die endliche Schallgeschwindigkeit ins Feld führt: Den Schall eines Axthiebes höre man auch erst nach einigen Sekunden – das Weltall drehe sich aber mit rasender Geschwindigkeit. Und wenn auch dies zu

Sonnenfinsternis beim Tod Christi am Kreuz.
Anonymer Kupferstich, 1774

Maximus von Turin, ein Bischof aus dem 5. Jahrhundert, erläutert die Albernheit des Aberglaubens bei einer Mondfinsternis folgendermaßen: »[...] bei Euch pflegt sich (der Mond) nur um die Abendstunde zu verdunkeln – wenn euer Bauch nach einem reichhaltigen Mahl sich spannt und dehnt und der Wein zu Kopfe gestiegen ist! Dann gerät bei Euch der Mond in Bedrängnis, wenn auch der Wein euch zusetzt; dann, ich sag es noch einmal, gerät der Mondball in Aufregung, wenn eure Augen trüb vom Wein sind. Wie also kannst du, betrunken wie du bist, sehen, was mit dem Mond am Himmel zugeht, wo du nicht einmal bemerkst, was sich um dich herum auf Erden tut? [...] [Der Mond] nämlich kehrt schnell wieder zu seiner ganzen Fülle zurück, du nicht einmal spät zur Weisheit; jener nimmt schnell das Licht wieder an, das er verlor, du nicht einmal langsam den Glauben, den Du verleugnet hast!«

klären wäre: Wer hat so genaue Wasseruhren, um die Stunde und Minute festzustellen?

Die junge Kirche führte also einen Abwehrkampf. Auf Konzilien wie dem von Laodicea 365 erfolgte ein striktes Verbot der Astrologie. An Predigten und Beichtspiegeln lässt sich jedoch ablesen, dass es Defizite gab. Der Kampf – so kann man es auch sagen – war in der Theorie gewonnen, in der Praxis noch längst nicht.

Hippolyts Ausführungen gegen die Astrologie bezogen sich eher auf die »technische« Seite. Von größerer Bedeutung war die »philosophische« Auseinandersetzung, die vor allem die Frage der Determination diskutierte. Sie wurde von jemandem geführt, der selbst kein Christ war, aber mit seiner Philosophie das Christentum stark beeinflusste: Plotin, dem Begründer des sogenannten Neuplatonismus, Ende des 3. Jahrhunderts. Er hat seine Lehre in den *Enneaden* (wörtlich: »Bücher zu je neun Kapiteln«) niedergelegt.

Darin geht es um einen Kosmos, in dem es wie in der Gnosis eine widrige Materie gibt, die jedoch in Stufen von oben bis unten von einer göttlichen Vernunft »durchweht« wird. Die Seele durcheilt diesen Kosmos gewissermaßen im Aufschwung bis hinauf zur Vereinigung mit Gott – man kennt dies aus der späteren Mystik. Der Mensch steht jedenfalls in Kontakt mit »Höherem«, kann die Kräfte von »oben« zu sich herabziehen. Plotin erläutert das Phänomen in den Vorstellungen von Sympathiewirkungen, wie sie in der Musik beobachtbar sind. In seiner Theorie können die Sterne zwar Einfluss nehmen, die grundsätzliche Freiheit aber ist nicht eingeschränkt. Die menschliche Seele ist beeinflussbar, aber sie hat Vernunft genug, um sich über alle diese Einflüsse zu erheben.

Es ist nicht ganz klar, ob Plotin Ptolemäus' *Tetrabiblos* kannte. Auf jeden Fall kannte er die Gegenargumente der skeptischen Schule, mit deren Hilfe er gegen die Gnostiker und deren blinden Schicksalsglauben anging. Plotins Schüler Porphyrios hat einen Kommentar zur *Tetrabiblos* geschrieben – gut möglich also, dass er mit seinem Meister über Ptolemäus gesprochen hat. Plotin selbst hat sich mehrmals zur Astrologie geäußert, auch zum Horoskopieren. Eine seiner Schriften trägt den Titel *Ob die Sterne wirken*. Seine Antwort lautet: Der Mensch, genauer, die Seele, ist frei, die Astrologen lehren etwas Falsches. Allerdings zeigt sich bei näherem Hinsehen, dass Plotins Lösung sich nicht im Contra erschöpft. *Ganz* ohne Wirkung sind die Sterne nicht und die Lösung, die die Christen dann so begierig als Durchschlagen des gordischen Knotens aufgriffen, lautet: Die Sterne bewirken nichts, aber sie zeigen etwas an. Es war wirklich eine geniale Lösung.

Warum bewirken die Sterne nichts? Plotin geht es in diesem Punkt um die Abwehr der gnostischen Theorie, die in den Sternen, vor allem in den Planeten, die großen Schadensstifter im grässlichen Kosmos sah. Hoffnungslos sind die Menschen ihnen ausgeliefert: schicksalsgetrieben, ohnmächtig in den Fesseln ihres Körpers. Aber die Gnostiker haben den Körper eben verabsolutiert. Für Plotin dagegen sitzt die Seele im Leib ebenfalls wie in einem Gefängnis, nur ist sie *in* diesem Gefängnis letztlich frei. Und überhaupt: Statt der Konstellation am Himmel prägen die Eltern den Neugeborenen. Worauf auch die bekannten Thesen nicht fehlen: die gleichzeitig Geborenen mit verschiedenem Schicksal zum Beispiel. Weiterhin wendet sich Plotin gegen die Lehre von den »Aspekten«. Warum sollen die Sterne in bestimmten geometrischen Figuren etwas anderes bewirken als sonst – sie bleiben doch in Opposition oder Quadratur immer nur dieselben.

Es muss Plotin jedoch klar gewesen sein, dass die Unterscheidung von »bewirken« und »anzeigen« auf eine Gratwanderung hinauslief. Vielleicht sind Fragen gekommen. Er versucht jedenfalls, die Dinge auf den Punkt zu bringen. Es bedeute nichts Geringes, ob man in dieser Frage so oder so denke, liest man, denn es gehe um die Tugend, also um die Möglichkeit des moralischen Handelns. Und so lautet der Schluss: Schriftzeichen am Himmel ja, weil man nicht daran vorbeikommt, dass der Himmel wie eine Tafel wirkt und die Sterne wie darauf eingetragene Buchstaben. Es heißt sogar, weit leuchtend seien die Sterne *wegen* des Anzeigens. Aber es handelt sich andererseits um ein Anzeigen in einer Welt, die ohnehin voll von Zeichen ist, bei Kräutern zum Beispiel die Heilkraft durch Form oder Farbe. Die Sterne sind demnach nichts Besonderes.

Letztlich endet Plotins Beitrag mit einer Verharmlosung des Problems. Wirklich abgewiesen war die gnostische Version des Determinismus. Den christlichen Theologen hat dies meist genügt. Allerdings wurde Plotins Antwort von einigen dann doch nicht als ausreichend empfunden. Etwa von Augustinus, dem bedeutendsten Kirchenvater der frühen Christenheit überhaupt.

Augustinus

Augustinus hat sich mit der Astrologie sehr eingehend befasst. Wie er in seiner Autobiographie, den *Bekenntnissen*, schildert, war er in seiner Jugend einer gnostischen Sekte verfallen, den Manichäern, die den Sternenglauben als Werbemittel benutzten. Aber Augustinus löste sich von diesem Einfluss.

Den endgültigen Bruch verdankte er einem Freund. Dieser erzählte ihm, dass sein Vater und wiederum dessen Freund leidenschaftliche Astrologen waren. Als er selbst zur Welt kommen sollte, habe auch die Dienerin des Hauses ihre Niederkunft erwartet. Der Vater habe nun die Geburt des Sohnes, der

Freund die der Dienerin beobachtet, und beide Geburten seien zufällig aufs Genaueste zusammengefallen. Man habe also beiden Kindern das gleiche Horoskop stellen müssen, wobei das eine (er selbst) anschließend dank der vornehmen Geburt ein Leben in Reichtum und Ehren führte, während das andere in Elend lebte.

Augustinus fügt noch hinzu, dass er sich anschließend für Zwillinge interessiert und herausgefunden habe, dass man fast immer auf unterschiedliche Schicksale stoße – schon Esau und Jakob, die höchst ungleichen Zwillingssöhne Isaaks, deren Mutter Rebekka dem jüngeren auf betrügerische Weise den Segen des Erstgeborenen verschaffte, belegten dies. Damit war für Augustinus persönlich das Problem geklärt.

Er hat es jedoch noch einmal aufgegriffen, allerdings unter völlig anderen Voraussetzungen. Als er bereits Bischof im nordafrikanischen Hippo war, eroberte im Jahr 410 der Westgote Alarich I. Rom und überließ es seinen Soldaten zur Plünderung. Die Schuld dafür schoben die heidnischen Römer damals den Christen in die Schuhe. Daraufhin schrieb Augustinus eines seiner wichtigsten Werke: den *Gottesstaat.* Im ersten Teil nimmt er ausführlich zur Frage Stellung, was den Aufstieg des Römischen Reiches bewirkt habe. Seine These: Nicht die Sterne, nicht ein von den Göttern gegebenes Schicksal sei es gewesen, vielmehr das Streben nach Ruhm. Dem sollten die Christen durchaus nacheifern, freilich nicht als Streben nach irdischem, sondern nach himmlischem Ruhm. Die Sterne aber seien reiner Aberglaube, den Augustinus in aller Breite nachzuweisen sucht.

Es ist charakteristisch, dass Augustinus dabei als erstes ein theologisches Argument geltend macht. Der Glaube an die Sterne untergrabe die Religion, weil er die Freiheit des Handelns untergräbt. Nicht nur, dass der Gedanke absurd erscheint, die Götter würden in einer Art Ratsversammlung die Verbrechen beschließen, die die Menschen dann begehen müssten: Es dürfe überhaupt kein Gericht mehr geben, weil niemand schuldig sein könne. Die Abschwächung, dass die Sterne die künftigen Ereignisse nur anzeigten, nicht bewirkten, wird als »die Ansicht bedeutender Gelehrter« ohne Nennung des sonst von ihm hoch geschätzten Plotin hingestellt. An anderer Stelle, im Kommentar zum Schöpfungsbericht, hat Augustinus das »Anzeigen« ausdrücklich zusammen mit dem »Verursachen« abgelehnt, und zwar mit dem Argument, nach dem Schöpfungsbericht des *Alten Testaments* habe Gott die Sterne dazu erschaffen, um Tag und Nacht zu scheiden, weiter zur Bestimmung von Festzeiten.

Totaler konnte man die Astrologie nicht ablehnen, auch im *Gottesstaat* gewissermaßen mit den Zwillingen als wandelnden Einsprüchen. Dennoch fügt Augustinus eine weitere Argumentation an. Nur ist sie nicht »empirisch«, sondern »theologisch« angelegt. Es geht dem Christen letztlich nicht um philosophische Überlegungen, sondern es geht um die Grundfesten des Glaubens. Mit der Astrologie steht die Frage nach dem Schicksal auf dem Spiel, die Frage nach dem Willen Gottes und dessen Auswirkungen auf das menschliche Handeln. Gott muss selbstverständlich alles wissen, also auch alles vorherwissen, sonst wäre er nicht Gott! Aber dieses Wissen ist eben kein Zwingen, beschneidet nicht die alles entscheidende Willensfreiheit. Der Mensch tut das, was er will, in Freiheit. Dazu gehört auch das Böse, das Gott nicht verhindert. Dass dieser Gott damit nicht wie in der Gnosis selbst zum Bösen wird, hat Augustinus in einer Argumentation von geradezu weltgeschichtlicher Bedeutung entfaltet: in der Gnadenlehre, die letztlich (wenigstens für die Auserwählten) die Erlösung garantiert.

Die Willensfreiheit ist im ganzen Schlamassel des Sündenfalls der positive Kern. Deshalb muss die Astrologie als deren größte Bedrohung bekämpft werden. Die Überwindung der Astrologie gehört so gesehen »psychologisch« zu den Voraussetzungen des Christentums. Am Anfang lag das Problem offenbar mehr in der Absetzung von den gnostischen Konkurrenten. Aber als es um die theologische Fundierung des Christentums ging, erwies sich die Astrologie als noch gefährlicherer Feind. Die scheinbar harmlose Frage, ob die Sterne wirken oder nicht, wurde zur Nagelprobe, bei der nicht einmal Plotins Antwort ausreichte. Theologisch befriedigend war nur die totale Ablehnung. In dem Augenblick, als sich die Kirche etabliert hatte, war die Notwendigkeit der Widerlegung weniger dringlich. Schritt für Schritt werden die Verschärfungen rückgängig gemacht, bis es genügt, den schieren Zwang auszuschließen. Plotins Formel »sie machen geneigt, aber sie zwingen nicht« wird die Standardlösung, unter der sich alle möglichen Kompromisse eingehen ließen – und sich die Päpste Hofastrologen hielten.

Die Rückkehr

Arabische Helfer

Man kennt es aus dem Geschichtsunterricht zur Genüge: Das römische Reich ging unter, das Mittelalter begann und mit ihm das große Vergessen der kulturellen Errungenschaften der Antike, auch der Astrologie. Aber ganz stimmt dieses grobe Bild nicht: Völlig vergessen hatte der Westen die antiken Ursprünge nicht. Nur war es nicht die Astrologie, sondern die Astronomie, die überliefert wurde. Am Hof Karls des Großen besaß man ein Exemplar der *Naturgeschichte* von Plinius dem Älteren, in dem auch das Wissen über die Sterne enthalten war – als Grundlage für die höchst wichtige Berechnung des Osterfestes. Gerbert von Aurillac, als Papst mit dem Namen Silvester II., war Mathematiker und konnte um 1000 mit dem Astrolab umgehen, mit dem der exakte Stand der Sterne gemessen wurde. Die Astronomie und damit die exakte Naturwissenschaft war im Aufwind, die Astrologie schien vergessen.

Das änderte sich jedoch grundlegend, und zwar nach Bekanntwerden der arabischen Literatur zu diesem Thema. 1133 übertrug Johannes von Sevilla das Werk des Astrologen Abu

Ma'shar, gestorben 886, ins Lateinische: den *Liber introductorius maior* (*Großes Einführungswerk*), ein Grundlagenbuch für die nächsten Jahrhunderte. 1140 erfolgte sogar eine weitere Übersetzung. Es ging dabei nicht um die technische Seite etwa des Horoskopierens allein, sondern um die These, dass diese rechnende Wissenschaft überhaupt die Grundlage von Wissenschaftlichkeit darstelle, mit deren Hilfe der Mensch seinen Platz im Kosmos bestimmen könne. Fast gleichzeitig wurde Ptolemäus bekannt: Plato von Tivoli übersetzte zunächst die *Tetrabiblos*, danach auch noch den *Almagest*. Die Astrologie kehrte nicht nur zurück, sondern bildete beinahe das Zentrum der Wissenschaften.

Man sieht es an der Wirkung. Der Hohenstaufenkaiser Friedrich II., der in der ersten Hälfte des 13. Jahrhunderts vorwiegend auf Sizilien lebte, wo die arabische Kultur großen Einfluss besaß (er konnte selbst Arabisch), entstand eine ganze Sammlung astrologischer Texte. Von Georgius Fendulus stammt eine Art Bilderbuch mit 78 Bild- gegenüber 30 Textseiten, in dem vor allem die Planeten in ihren Häusern aufgenommen waren – der Prachtcodex liegt heute in Paris.

Weiter beauftragte der Kaiser Michael Scotus mit der Abfassung eines (weiteren) *Liber introductorius* als Grundlagenwerk nach Abu Ma'shar. Dante hat diesen Michael Scotus in seiner *Göttlichen Komödie* übrigens zusammen mit weiteren »Magiern« in die Hölle verbannt. Dante war dabei jedoch nicht klar, wie nahe diese Astrologie dem christlichen Glauben kam: Letztlich ging es um eine Wissenschaft von den Sternen als von Gott eingesetzten Zeichen, die die Menschen zu ihrem Vorteil entzifferten.

Man kann sich denken, dass die Grenze zwischen Astrologie und Religion schwierig und die Übertretung zum Problem

Der Wassermann im Tierkreis. Aus: Georgius Zothorus Zaparus Fendulus: *Liber astrologiae*, 1240

werden konnte. Es war deshalb von großer Bedeutung, dass die Theologen des 13. Jahrhunderts, die dank der Übersetzungen aus dem Arabischen Aristoteles zur Grundlage der Wissenschaft machten, diese Grenzen festzogen. Albertus Magnus zitiert dabei sogar Ptolemäus mit dessen These, dass sich die Stellungen am Himmel nie genau genug bestimmen ließen. Und so lehnte Albertus Magnus die Astrologie ab, spekulierte allerdings über Amulette, die Kräfte der Gestirne bannen und gegen allerlei Widrigkeiten des Körpers (nicht der freien Seele!) helfen konnten. Ähnlich verfuhr sein Schüler Thomas von Aquin. In der *Summa theologiae* (*Summe der Theologie*) ist die Grenze mit dem alten Spruch von Plotin bestimmt, wonach die Sterne »anzeigen«, aber nicht »bestimmen«. Wer der Astrologie vertraut, verfällt wie schon bei Augustinus den Dämonen, die den Menschen ein unmögliches Vorherwissen vorgaukeln.

Nur wissen wir auch: Das war der Stand bei den aristotelisch orientierten Dominikanern. Der eher platonisch gesinnte Franziskaner Roger Bacon war in der gleichen Zeit wesentlich großzügiger, leitete gar das Christentum aus der Konjunktion Jupiters mit Merkur ab. Pierre d'Ailly, Kanzler der Pariser Universität, vertrat in seiner Schrift *Concordantia astronomiae cum theologia* (*Übereinstimmung der Astronomie mit der Theologie*) von 1414 die Übereinstimmung der Lehren von Christentum und Astrologie und bot sogar ein Geburtshoroskop Christi. Im Übrigen gab es noch ein anderes Einfallstor für die Astrologie als die Philosophie. Zu Beginn des 14. Jahrhunderts ist es die mittlerweile an den Universitäten etablierte Medizin, die sich mit ihren Eingriffen an den Sternen orientierte, weil sämtliche Körperteile mit den Sternen in Verbindung stünden. Die berühmteste Darstellung ist der sog. »Tierkreiszeichen-

»Tierkreiszeichenmann« im *Stundenbuch* des Herzogs von Berry, um 1410–1416

mann« im *Stundenbuch* des Herzogs von Berry, entstanden um 1410–1416.

Ein früher Vertreter dieser Kombination von Philosophie und Medizin ist der in Padua lehrende Pietro d'Abano. In seinem Buch *De imaginibus* (*Über die Bilder*) beschäftigte er sich mit einem sehr speziellen Problem der Sternbilder. Er wusste nämlich, dass diese sich aufgrund der sogenannten Präzession der Erde (dem leichten Taumeln um ihre Achse) seit der Antike verschoben hatten, der Widder also nicht mehr mit dem »Frühlingspunkt« zusammenfiel und damit alle Sternbilder »verrutscht« waren, obwohl man weiter nach den alten Angaben die Prognosen erstellte. Um jedoch widerspruchsfrei an diesem Vorgehen festhalten zu können (also dem Widder weiterhin zwischen dem 21. März und dem 20. April), spekulierte er auf eine den Blicken verborgene letzte Kristallschale hinter den sichtbaren Sternen, in denen die alten Verhältnisse für immer stabil seien.

D'Abano wurde damit anerkannter Wissenschaftler in seinem Fach und erhielt den Auftrag, beim Neubau des Palazzo della Ragione (Justizpalast) in Padua nach einem verheerenden Brand die Ausmalung mit Planeten und Sternbildern zu konzipieren. Von dessen Vorgängern, den Fresken Giottos, sind Teile erhalten.

Allerdings steht d'Abano nicht nur für die Erfolge der Astrologie, sondern auch für die Gefährdung derer, die sich mit dieser Art von »Naturwissenschaft« befassten. Denn er hatte sich zwei Verfahren bei der Inquisition eingehandelt, deren letztes er nicht lebend überstand – er ist im päpstlichen Gefängnis, der Engelsburg in Rom, gestorben, seine Leiche wurde nachträglich verbrannt. Der Grund des Einschreitens der Kirche ist nicht genau bekannt, wahrscheinlich spielte zu viel »Rationalismus« eine Rolle. Anders verlief dies bei seinem Kollegen Cecco d'Ascoli, der 1327 in Florenz öffentlich verbrannt wurde. Er hatte ein Horoskop für Jesus Christus samt Ableitung seines Kreuzestodes erstellt – eine unerhörte Provokation, die zur ersten Verurteilung eines Universitätsprofessors überhaupt führte.

Der Höhepunkt

Die Astrologie hatte im Hochmittelalter ihre Rückkehr erfahren. Den Höhepunkt erlebte sie in der Renaissance seit der zweiten Hälfte des 14. Jahrhunderts. Wohin man sieht, stößt man nun auf Astrologisches.

Man kann dazu etwa auf Giovanni Boccaccio, den Dichter des *Decameron*, verweisen. Boccaccio schrieb um 1350 eine Abhandlung über antike Mythologie und griff dabei auf astrologische Thesen zurück, darunter das Buch von Abu Ma'shar. Das Neue daran: Die antike Mythologie fundiert das Wissen um die Planeten. Die berühmte Formulierung lautet: Die Weisen der Antike hätten die Wahrheit hinter dem Schleier der Mythen verborgen. Woraus letztlich folgt, dass es nicht nur die christliche Wahrheit gibt, die auf der Bibel beruht, sondern eine davon völlig unabhängige rein weltliche Wahrheit über den Menschen. Sein Verhalten erschließt sich nämlich aus den Andeutungen, die die Mythen formuliert haben und von dort in die Astrologie eingegangen sind. Was die Dichter und die Astrologen an Wissen angesammelt haben, stimmt überein.

Man kann sich also an den Aussagen über Menschen, die unter Jupiter stehen, orientieren, verhält sich völlig rational, wenn man sein Wissen über die Liebe an Venus abliest. Merkur wurde gerne mit einem breitkrempigen Hut dargestellt, der die Sonnenstrahlen in seiner Nähe abschirmt (Merkur entfernt sich als innerer Planet ja nie weit von der Sonne) – so wie der Merkurmensch seine Pläne schlau verbirgt und im Übrigen die Flügelschuhe für die leichte Wandelbarkeit seines Charakters stehen. Wo, bitte schön, erfährt man etwas über die menschliche Natur? Eben, in der Astrologie mit ihrem Wissen über menschliche Charaktere, die selbstverständlich Lebensläufe bestimmen. Wobei das Entscheidende darin liegt, dass dieses Wissen auf methodisch hochstehendem Wege gewonnen wird – Astrologie ist nichts für Leichtgläubige, die sich auf durchsichtige Spekulationen verlassen. Wenn christliche Theologen lange glaubten, heidnisches Denken widerspreche der Religion, steht nun das Gegenteil fest. Gerade heidnisches Denken kann Menschen »führen«.

Allerdings muss man auch wissen, dass die Astrologie nicht nur auf hohem, ja immer höherem Niveau begründet bzw. verteidigt, sondern dass sie auch angegriffen wurde – die Renaissance ist nicht nur der Höhepunkt der Ausbildung der Astrologie, sondern auch der Kritik an ihr. Für diesen Gegensatz stehen zwei bedeutende Gelehrte, die sogar miteinander befreundet waren: Marsilio Ficino und Pico della Mirandola.

Astrale Lebensführung

1439 hatte Cosimo de Medici in Florenz eine Schule ins Leben gerufen, die sich auf Anraten byzantinischer Gelehrter der verlorenen antiken Philosophie widmen sollte. Und zwar galt dies nicht dem längst »ausgegrabenen« Aristoteles, der für die Naturwissenschaft stand, sondern Platon und Plotin, vor allem aber etwas damals total Neuem: den sagenumwobenen Schriften eines Hermes Trismegistos (des »Dreimalgrößten«), die angeblich uraltes Wissen enthielten. Ein junger Mann, Sohn des Leibarztes mit Namen Marsilio Ficino, sollte sich an die Übersetzung bzw. Kommentierung machen und auf dieser Grundlage eine eigene Lehre entwickeln.

Zuerst erschien *Über das dreifache Leben*, ein medizinisches Werk, das auf die hippokratische Schule zurückging und sich statt der Heilung von Leiden in erster Linie der Erhaltung der Gesundheit in Gestalt einer Diätetik widmete. Das erste Buch handelt von der Lebensart eines Gelehrten, der als Stubenhocker besonderen Risiken ausgesetzt ist. Im zweiten geht es um Lebensverlängerung, im dritten aber um den Kern des Ganzen: um den Zusammenhang von irdischem und himmlischem Leben, um die Verknüpfung des Körpers mit dem Geschehen im Kosmos. Diese Ausführungen führten zu einer Anklage beim Papst, die im Sande verlief, weil der Erzbischof von Florenz, selbst ein Schulmitglied, die Hand über Ficino hielt. Wie konnte eine medizinische Theorie zu einer derartigen Eskalation führen?

Tatsächlich waren schon die Überlegungen im ersten Buch zur Lebensführung nicht so harmlos, wie es zunächst scheint. Denn Ficino geht von Anfang an von der Lehre der Planetenkindschaft aus, speziell: von seinem Planeten, der bei der Geburt im Aszendenten stand, dem Saturn. Der am weitesten entfernte und deshalb langsamste Planet galt als trocken und kalt, von daher verantwortlich für einen Überschuss an trockener und kalter schwarzer Galle, dem »Saft«, der nach der hippokratischen Medizin Melancholie hervorruft. In Ficinos Horoskop hatte der Saturn auch noch im Wassermann gestanden, einem der Häuser des Saturn.

Damit aber war für Ficino klar, was sein Leben bestimmen sollte: Der Saturn ist der Planet der Philosophen, im positiven Sinn verantwortlich für die Fähigkeit zur Konzentration, im negativen für die Neigung zum Phlegma als dem entsprechenden Temperament. Die geistige Tätigkeit entzieht dem Gehirn Feuchtigkeit, dem Herzen Wärme, was Kälte und Trockenheit hervorruft, weil die Speisen nur noch unvollkommen »gekocht« werden und dickes bzw. schwarzes Blut entsteht. Die körperliche Untätigkeit verursacht außerdem mangelnde Ausscheidung, was die schwarze Galle noch zusätzlich verstärkt – mit entsprechenden Auswirkungen auf die Seele. Der Gelehrte also bedarf der medizinischen Vorkehrungen, die all diese Mangelerscheinungen bekämpfen. Die Sonne ist wichtig, die Nacht gefährlich. Deshalb soll der Philosoph am Tage arbeiten und nachts schlafen – an sich kein schlechter Tipp.

Das zweite Buch bietet jene Steigerung, auf die der Ansatz insgesamt zielte: über die Erhaltung der Gesundheit hinaus die Optimierung, ja die Verlängerung des Lebens. Dazu gehören einigermaßen schockierende Empfehlungen an den alternden Philosophen. Er möge sich mit der Muttermilch junger Frauen und sogar mit dem Blut junger Männer stärken – bei zunehmendem Mond genossen. Das gesamte zweite Buch durchziehen Aussagen, die auf dem Einfluss der Planeten beruhen. Alle Lebensjahre stehen unter der Herrschaft eines bestimmten »Sterns«: das erste unter dem Mond, das zweite unter Merkur etc. bis zum siebenten unter Saturn, um beim achten Lebensjahr wieder von vorn zu beginnen. Der Wechsel ist jeweils mit einer »Revolution« verbunden, die man also überstehen muss. Dabei werden 40 Heilpflanzen aufgezählt, die dem Körper von den einzelnen Planeten gegeben werden, um ihn zu unterstützen, z. B. von der Sonne Herzkraut und Safran, von der Venus Leberkraut und Endivien.

Im dritten Buch aber geht Ficino einen entscheidenden Schritt weiter. Im Zusammenhang seiner Plotin-Übersetzung ist er mit der Lehre von den astralen »Strömen« in Berührung gekommen, die den Menschen mit der Weltseele verbinden. Krankheit erscheint danach als eine Art Störung dieses Strömens, Gesundheit umgekehrt als Wiederherstellung des Strahlenflusses. Weiter stützt sich Ficino auf die Häuserlehre, wonach z. B. bei einem Arzt ein günstiger Planet im 6. Haus als dem Haus der Gesundheit stehen soll. Ausführlich äußert er sich weiterhin über die Beziehungen der Planeten zu den Tierkreiszeichen, in denen sie besonders kräftig wirken; zudem geht es um die Herrschaft der Planeten in bestimmten Abschnitten der einzelnen Sternbilder. Schließlich folgt eine ausführliche Lehre über günstige und ungünstige Aspekte. Insgesamt also eine klassische (an Ptolemäus angelehnte) Astrologie, die aber nun nicht zum Horoskopieren genutzt wird, sondern der Medizin zugrunde liegt, einer prophylaktisch arbeitenden Medizin, die den Körper mit der Einordnung ins kosmische Geschehen optimal zu versorgen anstrebt.

Die Astralmedizin Ficinos rechnet also mit einer grundsätzlichen Verantwortung für das eigene Leben bei Kenntnis »seiner« Sterne. Es gibt den »Einfluss« von oben, der zu nutzen ist. Beispielsweise sammeln Steine Strahlen ein und lassen sich als Amulette bzw. Talismane benutzen, die bereits ein Albertus Magnus empfohlen hatte. Weiter spielen Worte und Gesänge eine Rolle, überhaupt ein Vertrauen in die Musik, die aufgrund ihrer Harmonik auf besondere Weise mit dem Weltall verbunden ist. Selbst in Gebäuden, Wohnung und Kleidung kann man sich seiner Sterne gemäß buchstäblich richtig oder falsch »einrichten«. Die Konsequenz liegt auf der Hand: Man muss stets auf der Suche danach sein, wieweit man mit geeigneten Mitteln das Gewünschte verstärkt und das Widrige abwehrt. Sonnenmenschen sollen sich regelrecht mit Sonnenhaftem umgeben, Saturnmenschen mit Saturngemäßem, wobei im Vorübergehen ausdrücklich die Zurückhaltung eines Thomas von Aquin gerügt wird.

Eine bloße Ergebenheit ins Schicksal oder gar ein flacher Fatalismus ist dies jedoch nicht. Die Planetenkindschaft ist zwar gegeben und Widerstand dagegen sinnlos – die falsche Berufswahl kann nur unglücklich machen. Aber Ficino erinnert sich auch an den berühmten Mythos in Platons *Staat*, wo ganz zum Schluss davon die Rede ist, dass jeder Einzelne sich sein Schicksal »erlost«. Dazu gehört nun die Transformation des Mythos in den Geist der Renaissance: die Wahl des Loses, ja die Wahlplanetenkindschaft. Wem Saturn nicht bei der Geburt aufgegangen ist, der kann sich in seiner Lebensführung Saturnisches aneignen, sich zum Saturnkind machen. Wem dagegen Saturn tatsächlich aufgegangen ist, der soll sich an Jupiter halten, um ein Gegengewicht zu schaffen. Und schließlich: Während in der klassischen Astrologie Saturn immer feindlich gesinnt war, wird jetzt auch seine freundliche Seite aufgezeigt: Der in seinem Zeichen Geborene ist nicht nur der Melancholiker, er ist auch der göttliche Mensch.

Fünf Jahre nach Abschluss von Ficinos Werk erschienen die *Disputationen gegen die Astrologie* (1494) von Pico della Mirandola, die rasch berühmt wurden. Der italienische Graf hatte zuvor mit einem anderen Werk Aufmerksamkeit, ja einen Skandal ausgelöst: mit den *900 Thesen*. Damit war er 1486 als 23-Jähriger in Rom aufgetreten und hatte alle Gelehrten zum öffentlichen Disput eingeladen – unter Erstattung der Reisekosten. Statt zum Disput war es allerdings zur Verurteilung gekommen. Pico musste nach Frankreich fliehen, wurde dort aufgegriffen, kurzfristig inhaftiert, um dann auf Intervention von Lorenzo di Medici freigelassen zu werden. Grund der Verfolgung war das oben bereits erwähnte »anrüchige« Schrifttum der Hermetik um Hermes Trismegistos gewesen – alles in allem der Versuch, die europäische Kultur sozusagen an der »normalen« Antike, aber auch am Christentum vorbei auf völlig neue Grundlagen zu stellen. Letztlich ging es darum, das verloren gegangene Gesamtwissen Adams wiederherzustellen, auf dem dann die »Größe« des Menschen beruhen solle, die Pico in seiner bekanntesten Schrift *Von der Würde des Menschen* beschrieb.

Worauf beruht die Überlegenheit dieser Art von Wissen? Es ist nicht Wissen von diesem oder jenem, also Fachwissen, sondern ein Begreifen des Ganzen, dessen, was nach der bekannten Goethe-Formulierung »die Welt im Innersten zusammenhält«. Der Sinn des Lebens gehört dazu, also genau das, was modernes Wissen mit seiner Spezialisierung systematisch verdrängt. Dieses Wissen soll nun aus einem Gemisch von Neuplatonismus und Hermetik, ergänzt übrigens durch die jüdische Kabbala, erstehen: eine Philosophie vom gehei-

Giovanni Pico della Mirandola. Ölgemälde eines unbekannten Malers in den Uffizien, Florenz

men Wirken, von den geheimen Kräften der Natur. Diese Philosophie werde ganz nebenbei den Streit der Schulen schlichten. Das aber könne die Astrologie nicht leisten. Nicht dass sie abergläubisch, sondern dass sie in den Augen von Pico della Mirandola platt anwendungsbezogen ist, wird zum Ausgangspunkt der Auseinandersetzung mit Ficino.

Die *Disputationen gegen die Astrologie* beschäftigen sich allerdings nicht direkt mit Ficino, vor allem nicht mit der Anwendung auf die Medizin. Das außerordentlich umfangreiche Werk versteht sich als eine Abrechnung mit der gesamten Tradition der Astrologie, der Hauptgegner ist die klassische Horoskopie, in vorderster Reihe Ptolemäus. Die Argumente Picos sind dabei nicht immer neu, im Gegenteil: Sein Werk ist letztlich eine Sammlung der antiastrologischen Stellungnahmen der europäischen Geistesgeschichte seit den Kirchenvätern. Es geht nicht um die Frage, wieweit der Mensch Teil des kosmischen Geschehens ist, sondern um die Sterne als Zeichen, die von der Zukunft reden. Ihre Unlesbarkeit ist Picos These. Konkreter gesagt: Weltseele und Menschenseele stehen nicht in irgendeiner Form von kausalem Zusammenhang, zwischen Materiellem und Geistigem gibt es keine irgendwie belangvollen »Ähnlichkeiten«. Und schließlich: Der Mensch ist frei, seine Macht beruht auf seinen eigenen Leistungen.

So liegt denn der erste Angriff auf die Astrologie in der Zerpflückung der Thesen von Ptolemäus und seinen Nachfolgern. Genüsslich beruft sich Pico darauf, dass gerade die besten Kenner der Materie selbst die Unsicherheiten der Prognosen betont haben, weil schlicht zu vieles zu berücksichtigen sei. Nicht nur, dass die Bewegungen am Himmel zu unregelmäßig sind. Was solle zum Beispiel geschehen, wenn ein glücksbegabter Soldat unter einem unglücksbegabten Feldherren ficht? Dabei wichen die »Regeln« der Astrologen auch noch voneinander ab. Tatsächlich eingetretene Prognosen beruhten auf Zufall, im Übrigen behalte man Eingetroffenes in Erinnerung, alles andere nicht. Aber nicht nur, dass es im Handwerklichen Mängel gebe: Ein »schädlicher« Planet berücksichtige nicht die allgemeinen Lebensumstände, die auf Glück stehen können. Vollends absurd sei es, wenn Christen ihre Religion auf die Sterne gründeten oder wenn Papstwahlen sich nach der Stellung des Merkur richteten, weil Merkur der Planet des Christentums ist.

Der letztlich noch wichtigere Angriff aber zielt auf die methodischen Grundlagen der Astrologie, auf den unüberbrückbaren Graben zwischen Materie und Sinn. Pico trifft hier ohne Zweifel den Kern des Problems. Alle Astrologen gehen von der Gegenüberstellung von Makrokosmos und Mikrokosmos aus, vom Einfluss der oberen auf die untere Welt. Aber selbst wenn man davon ausgeht, dass die Gestirne über Licht und Wärme verfügen, so wirken diese universell, d. h. gleichzeitig, womit Wirkungen nur als globale wie z. B. beim Wetter in Frage kommen. Völlig willkürlich sei dagegen die Rede von wärmenden oder kältenden Planeten (noch schlimmer: von trocknenden und feuchtenden), worauf sich Gunst bzw. Schädlichkeit gründen sollen. Außerdem herrsche gerade auf diesem Feld die größte Willkür. Wieso sei der Mars wärmer als Saturn, wo dieser nachweislich an Masse jenen übertrifft? Wenn dies am geringeren Abstand zur Erde liegen sollte, leuchte es wiederum nicht ein, dass Venus als kalt gilt, wo doch gerade sie die Erde besonders nah umkreist.

Der nächste bedeutende Einwand betrifft die astrologische Theorie der Disposition am Himmel, also der Bilder und Aspekte. Picos Einwand lautet hier: Alle Bewegungen am Himmel erfolgen aus sich selbst heraus, haben keinerlei Bedeutung, weil sie schlicht Naturereignisse darstellen. Wenn geltend gemacht werde, dass Gott die vielen Sterne nicht umsonst geschaffen haben könne, so lautet die Antwort: Dies habe der himmlischen Natur entsprochen, die Sterne seien schlicht nötig als Formanten des Himmels – sonst nichts. Wenn die Astrologen die verschiedenen Stellungen mit verschiedenen Bedeutungen verknüpften, identifizierten sie Quantitäten (Stellungen) mit Qualitäten. Besonders willkürlich erscheine dies im Falle der Deutung von Konjunktionen, wenn sich also Gestirne übereinander schieben. Die Astrologen sähen darin eine gesteigerte Wirkung, wo sich die Gestirne in Wirklichkeit nur das Licht wegnehmen, also schwächen.

Pico sucht diese Argumentation nicht nur zu widerlegen, sondern gewissermaßen psychologisch zu erklären. Die Astrologen sind für ihn wie Kinder, die sehen, dass Sonne und Mond Licht und Wärme »senden« und nun glauben, alle anderen Gestirne müssten auch etwas »senden«. Dagegen stehe: Man nimmt eben nur Licht und Wärme wahr, also gibt es für Pico auch keine anderweitige Wirkung. Wenn die Astrologen die sommerliche Hitze auf die Stellung der Sonne im Löwen zurückführten, gingen sie eben an der natürlichen Ursache vorüber, am höheren Sonnenstand mit entsprechend intensiverer Wärmeeinwirkung. Vor allem aber schaffe sich der Geist keinen Ausdruck im Bereich des Körperlichen. Gerade menschliche Qualitäten müssten mühsam und am Menschen selbst erforscht werden statt über die Zeichen am Himmel. Das Schicksal von Kindern hänge nicht von den Sternen ab, sondern von den Eltern – die Vererbung sei eine »natürliche« Ursache von Charaktereigenschaften. Jedenfalls hätten Vorgänge auf Erden ihre Wurzel in irdischem, nicht in himmlischem Geschehen – Ende der Debatte.

Ficino und della Mirandola starben am Ende des 15. Jahrhunderts, zu Beginn des 16. wurde Gerolamo Cardano geboren, der heute noch in dem von ihm erfundenen Kardangelenk (Winkelgelenk) weiterlebt. Er war ein typisches Universalgenie, wie es in der Renaissance häufig begegnet: Arzt, Mathematiker, Philosoph, aber eben auch, ja – was die Sicherung seines Lebensunterhalts betrifft – sogar in erster Linie Astrologe.

1534 debütierte er mit der unscheinbaren Zehn-Seiten-Broschüre *Prognostico* (*Prognostik*), in der er dick auftrug. Seine Kollegen seien mathematisch minderbemittelt, könnten nicht mit den Tafeln umgehen, die die Stellung der Gestirne festhielten. Ansonsten riskierte er vollmundig Vorhersagen: Das Christentum sei in einer Zeit entstanden, als die Sternbilder noch an ihrer »richtigen« Stelle standen (der Frühlingspunkt also wirklich mit dem Aufgang des Widders zusammenfiel), wonach der Niedergang des Christentums nur logisch war. Eine Trendwende sei nicht vor 1764 zu erwarten, der Durchbruch zu alter Größe erst 2800. Weil darauf naturgemäß niemand warten konnte, diskutierte Cardano auch die spektakulären Planetenkonjunktionen von 1524 und 1525, die der Kirche geschadet hätten, was auf Luther zielte, der auch direkt angesprochen wird: Seine These, dass Sonnen- und Mondfinsternisse das Ende der Welt ankündigten, seien wenig hilfreich. Dagegen müsse man angesichts der Planetenkonjunktion vom kommenden März 1545 Schlimmes befürchten: Kriege und Seuchen – tatsächlich sollte Europa von der Pest heimgesucht werden.

1538 folgten die viel ausführlicheren *Libelli duo* (*Zwei Bücher*) mit einigen Grundlehren etwa über die Stellung von

Mars im 7. Haus, was Uneinigkeit, Streit bedeute, während die Sonne im 10. Triumph verheiße. Die jüdische Religion sei von Saturn dominiert, die christliche von Jupiter und Merkur, die Muslime stünden unter Sonne und Mars, was ihre Religion gerecht mache, aber auch lästerlich. Zwischendurch hagelt es Kritik an unfähigen Astrologen.

Entscheidend aber: Diesmal fügte Cardano zehn Horoskope von bedeutenden Persönlichkeiten bei. Beim längst verstorbenen Petrarca etwa leitete er die »Süße« seiner Verse aus der Stellung Jupiters im Haus des Merkur und im Quadrat mit Venus ab. Der wichtige Sieg von Kaiser Karl V. über den französischen König Franz I. im Jahre 1524 verdanke sich der damaligen Konjunktion von Jupiter und Saturn in den Fischen. Den durch Gift erfolgten Tod des von Karl V. besiegten und gefangen gesetzten Mailänder Herzogs Ludovico Sforza betrachtete er als »folgerichtig« aufgrund des günstigen Einflusses des Merkur im Zeichen der Jungfrau. Für den türkischen Sultan Süleyman II. sagte Cardano Erfolge voraus (»Merkt daher auf, ihr Männer …«). Papst Paul III., dem das Buch gewidmet war, wird als Retter der von Häresien bedrohten Kirche dargestellt und die Stiftung des Friedens zwischen Frankreich und Spanien gutgeschrieben – alles herausgelesen aus den Sternen.

Die von Cardano gelieferte Mischung von astrologischem Handwerkszeug, politischer Prognose und Unterhaltungswert der Berichte aus hohen Häusern (wozu auch das Ausplaudern von Päderastie gehörte) schlug ein – nicht zuletzt dank der Tatsache, dass die Nachrichten nun im Druck erschienen. Denn dies führte (in Verbindung mit Latein als Sprache) sofort zu europäischem Austausch. In Wittenberg wurde Philipp Melanchthon aufmerksam, der im Gegensatz zu Martin Luther die Astrologie höchst ernst nahm und selbst eine Ausgabe von

Ptolemäus' *Tetrabiblos* herausgab. Einer seiner Schüler, Nicolaus Gugler, sammelte eifrig Horoskope etwa von seinem Landesherrn, dem Kurfürsten Friedrich von Sachsen, Erasmus von Rotterdam oder Dürer – und gab Cardano alles weiter. Darunter auch zwei Horoskope Luthers für verschiedene Geburtstage: für 1483 und 1484 (auch noch mit verschiedenen Zeiten). Luther selbst schwankte lange zwischen 1482 und 1484 als richtigem Jahr, während heute der 10. November 1483 als korrekt gilt.

Man kann sich vorstellen, wie heiß dies diskutiert wurde. Bei der Festlegung auf 1484 ergab sich eine Konjunktion von Jupiter und Saturn, aus der sich leicht Schlimmes herauslesen ließ und von den »Altgläubigen« auch sofort herausgelesen wurde. Luca Gaurico zum Beispiel, eine Art Hofastrologe von Papst Paul III. (dem er das Erringen des Papstamtes vorhergesagt hatte) und großer Konkurrent Cardanos, legte daraus den Tod Luthers auf 1535 fest, womit er völlig falsch lag, denn Luther starb erst 1546. Cardano selbst hielt sämtliche Geburtstermine für problematisch und verlieh dieser Meinung in einer, ausgerechnet bei dem protestantischen Drucker Johannes Petreius in Nürnberg veröffentlichten Neuauflage der *Libelli duo*, Ausdruck. Luther erhielt ein Exemplar und machte darüber seine Späße. Petreius aber witterte das ganz große Geschäft und trieb Cardano an, Neues zu liefern, was dieser auch tat. Die Nürnberger Ausgabe von 1543 enthielt bereits 67 Horoskope, darunter von drei Päpsten, aber auch einer schamlosen Veronica, die unter dem Einfluss der Venus zur Hure geworden war und von ihrem Ehemann umgebracht wurde.

In der Einleitung hieß es werbewirksam: »Hier finden sich alle möglichen Todesarten vorgezeichnet, Tod durch Gift, Blitzschlag, Wasser, durch den Henker, durch Eisen, Unfall,

Krankheit binnen langer, kurzer, mittlerer Frist; wir begegnen den verschiedenen Arten von Geburten: solchen, bei denen Zwillinge zur Welt kommen oder aber missgebildete oder nachgeborene Kinder oder Bastarde, und Geburten, bei denen die Mutter stirbt; auch von verschiedensten Charakteren: ängstlichen, kühnen, klugen, Dummköpfen, Besessenen, Betrügern, Einfältigen, Ketzern, Dieben, Räubern, Päderasten, Sodomiten, Huren, Ehebrechern; an Künsten und berufen sehen wir schließlich Redner, Juristen, Philosophen, solche, die als Mediziner oder Zukunftsdeuter oder Künstler zu großem Ruhm gelangen werden, und andere, die alle Moral verachten. Ich habe auch die verschiedenen Wechselfälle im Leben verfolgt und kann erklären, von welcher Art jene sind, die ihre Ehefrau ermorden, die Vertreibung oder Gefangenschaft erleiden oder von schlechter Gesundheit sind, die von einer Religion zu einer anderen wechseln oder aus hoher Stellung abstürzen oder umgekehrt aus niedrigen Verhältnissen auf den Thron oder zu großer Macht kommen.«

Auch Cardano passierten Pannen. Als er hörte, dass Kaiser Nero, den er dank dem Einfluss der Venus zum perversen Lüstling gemacht hatte, an einem völlig anderen Tag geboren war als gedacht, tilgte er das Horoskop in der nächsten Auflage. Noch schlimmer die Ankündigung eines hohen Alters für den englischen König Heinrich VIII., der tatsächlich früh starb. Aber ein Publikum, das nach immer neuen Skandalen lechzt, ist durch derartige Misserfolge nicht zu beeindrucken – heute wie damals nicht. Selbst der Ärger, den sich Cardano mit seinen Kollegen einhandelte, machte ihn nur noch berühmter. Die Kritik Gauricos daran, dass er die Häuser altmodisch berechnete (ohne ihre Neigung dank des Breitengrads zu berücksichtigen), steckte er weg und revanchierte sich mit einem genüsslichen Abdruck Gauricos (mittlerweile widerlegter) Todesprognose für Luther.

Im Übrigen kehrte Cardano am Ende seines Lebens zu Ptolemäus zurück. Emsig suchte er nach verlorenen babylonischen und ägyptischen Schriften, die den »Klassiker« gestützt haben würden, gab die *Tetrabiblos* neu heraus und bezeichnete alle anderen Werke als »Dreck«.

Ringen mit der Wissenschaft

Keplers »harmonische« Welt

1543, während große und weniger große Herren in ganz Europa nach Auskünften über ihre Zukunft verlangten, die talentierte Experten gut ernährten und ein skandalsüchtiges Publikum ebenso gut unterhielten, erschien ein Buch, das all dem ein Ende zu bereiten schien: *De revolutionibus orbium coelestium* (*Über die Umläufe am Himmel*) von Nikolaus Kopernikus, gedruckt im protestantischen Nürnberg. Danach war es aus mit der Erde in der Mitte des Kosmos – nicht die Sonne drehte sich um sie, sondern sie um die Sonne. Lange hatte Kopernikus mit der Publikation gezögert, weil ihm klar war, was drohte. Aber alles verlief glimpflich. Kopernikus ließ sich dazu überreden, seine Erkenntnisse als eine »These« auszugeben, mit der sich lediglich gut rechnen ließ. Die Kirchen, von denen es mittlerweile zwei gab, blickten mehr oder weniger weg bzw. zogen sich auf den Standpunkt einer Art alternativen Wahrheit zurück. Im Übrigen hatte Kopernikus viel Mittelalterliches bewahrt, blieb zum Beispiel beim Fixsternhimmel als letzter Sphäre, die immer noch für eine Art Geborgenheit sorgte, auch wenn die Erde nicht mehr genau in der Mitte stand.

Aber es traten sehr rasch diejenigen auf, die das Modell zu Ende dachten. Der Engländer Thomas Digges hatte bereits 1576 die Fixsterne frei im Raum angeordnet, Giordano Bruno ging noch weiter mit der These von der Unbegrenztheit des kosmischen Raumes, in dem die Erde zu jenem Stäubchen wurde, das die Geschichte der Erlösung unwahrscheinlich macht – der Tod auf dem Scheiterhaufen in Rom folgte im Jahre 1600. Nicht ganz so spektakulär, in der Sache aber noch wichtiger war, dass Galilei 1609 mit dem Fernrohr die Phasen der Venus und die vier Monde des Jupiter beobachtete. Damit war das neue Weltbild kein bloßes Rechenmodell mehr, sondern »Wirklichkeit« – 1616 kam das Buch des Kopernikus konsequenterweise auf den Index. Wie aber sollte es mit einer Astrologie weitergehen, die mit der Zentralstellung der Erde unter dem Himmel alle Voraussetzungen verloren hatte – vom Verbot auf dem Trienter Konzil (1545–1563) ganz zu schweigen? Die Antwort gab ein glänzender Kenner und Verehrer des Kopernikus, der selbst dessen Theorie wesentlich verbessern sollte: Johannes Kepler.

Kepler hatte in Tübingen studiert und arbeitete als Mathematiker in Graz, ehe er 1600 Partner und noch im selben Jahr Nachfolger des bedeutenden dänischen Astronomen Tycho Brahe als Hofastronom Kaiser Rudolphs II. in Prag wurde. Damit geriet er in ein ebenso wissenschaftlich interessiertes wie astrologisch geprägtes Umfeld. Schon Tycho Brahe hatte sich ausdrücklich gegen Picos Verurteilung der Astrologie gewandt, sie also weiter neben Astronomie betrieben. Bei Kepler verhielt es sich ähnlich. Von Tycho Brahe erhielt er den Auftrag, die Marsbahn zu berechnen. Daneben musste er wie zu-

Johannes Kepler. Porträt eines unbekannten Malers, 1610

vor schon in Graz Kalender mit Prognostiken auf astrologischer Grundlage für das jeweils kommende Jahr anfertigen.

Wir wissen, dass Kepler diese Arbeiten hasste, aber als Broterwerb auf sie nicht verzichten konnte – er habe die »nichtswerten« Kalender geschrieben, um nicht zu »verhungern«, schrieb er an Freunde. Auch zur Astrologie insgesamt äußerte sich Kepler häufig kritisch – sie sei »das närrische Töchterlein« der Astronomie.

Aber man darf sich nicht täuschen lassen. Was Kepler ablehnte, bezog sich auf die abenteuerlichen Systeme der klassischen Astrologie sowie Prognostiken, die auf die Voraussage von Einzelereignissen, von individuellem Schicksal angelegt waren. An einem prinzipiellen Einfluss der Sterne auf das irdische Geschehen hat Kepler nie gezweifelt. So suchte er im Bereich des Wetters nach Zusammenhängen. Zeitlebens machte er sich täglich Notizen, in denen er den Stand der Sterne zusammen mit dem Wetter aufschrieb in der Hoffnung, dass sich Wiederholungen zeigten, die ein »System« erkennen ließen. Und auch bei großen Ereignissen wie Feldzügen, Hungersnöten, Ausbruch der Pest vermutete er himmlische Ursachen. Dass im Jahre 1544 nach vier Finsternissen der Schmalkaldische Krieg ausbrach, führte zur Prognose, dass die drei Finsternisse von 1598 ähnlich Schlimmes bedeuten könnten.

Die astrologische Grundlage liegt dabei für Kepler nicht in den Sternen selbst bzw. ihren »Körpern«, sondern in ihren Konstellationen, also den »Aspekten«. So soll der Winter einmal kalt und schneereich werden, weil Saturn und Jupiter in Quadratur stehen – eine »grundböse Constellation«. Mitten im April wiederholte sich dies und werde ebenfalls für schlechtes Wetter sorgen. Im Mai gab es eine Opposition von Saturn und Mars, Ende Juni eine Konjunktion von Venus und Merkur mit noch viel schrecklicherem Wetter als Folge. Als Belege dienen Kepler die Winter 1552 und 1597 mit ähnlichen Konstellationen. Genauso ging es mit dem »weltlichen Regiment« zu. Acht Konjunktionen von Mars, Sonne, Venus und Merkur standen bevor, wobei ihm besonders die Konjunktion von Mars und Sonne bedrohlich erschien, weil sie angesichts der fast gleichen Geschwindigkeit der beiden Himmelskörper lange wirksam sei.

Worauf beruhte diese eigenartige Astrologie im Denken eines genialen Astronomen? Man hat sie mit dem Hinweis auf den Broterwerb wegzudiskutieren versucht oder das Ganze als unbewältigtes und peinliches Erbe der Vergangenheit angeprangert. Aber Keplers Astrologie entstand keineswegs lediglich am Rande seiner Tätigkeit. Sein bedeutendstes Werk, die *Harmonices mundi* (*Weltharmonik*) von 1619, widmet ihr eines von fünf Büchern. Die Entdeckung der elliptischen Bahnen des Mars und ihre Beschreibung in eleganten mathematischen Formeln steht ein paar Seiten hinter der Bemerkung, dass die Seele des Menschen, weil sie eine Art Licht ist, die Röte des Mars von der weißen Klarheit des Jupiter und dem Bleiglanz des Saturn zu unterscheiden vermag. Der Himmel sei voller Harmonien, der Mensch als ein mit dem Himmel verbundenes Wesen müsse auf diese Harmonien irgendwie reagieren. Und zwar seien es die Zahlen, die die entscheidende Rolle spielten. Wie in der Musik Harmonien auf Proportionen beruhen (die Oktav zum Grundton im Verhältnis 1 : 2 steht, die Quinte 2 : 3 etc.), reagierten auch die Menschen auf die Proportionen im Himmel, lasse sich die Seele davon »berühren« wie von Akkorden in der Musik.

Nicht die Prognostik ist also das Entscheidende an dieser Form von Astrologie, sondern die Macht der Proportion, die auch eine Macht der Mathematik ist. Was die Welt im Innersten zusammenhält, ist die Zahl. Die »himmlische Wirkung« beruht nicht auf der alten »Influenz«, sondern auf einer Empfänglichkeit der Seele, »welche anfängt zu tanzen, wenn ihr die Aspekte pfeifen«, wie es so anschaulich in der *Prognostik für das Jahr 1599* heißt.

Kepler hat dabei dem Astrologiegegner Pico della Mirandola geantwortet. Wieso könnten Saturn und Jupiter Größeres verrichten, wenn sie zusammenstehen, als wenn sie getrennt ihre Bahn ziehen? Keplers Antwort: Nicht die Himmelskörper wirken, sondern die Seele reagiert mit ihrem Sinn für Proportionen, so wie der Hund über einen Geruchssinn verfügt, den man ebenfalls nicht bemerken würde, wenn er sich nicht immerfort bestätigte. Sein Beweis: die Ähnlichkeit des Geburtshoroskops bei Eltern und Kindern. Sein eigenes Horoskop glich dem der Mutter, und seine Söhne hatten ein wichtiges Element ihres Horoskops mit ihm gemeinsam: Der Opposition des Mondes zur Sonne fehlten jeweils noch 40 Grad.

Wallensteins Horoskope

Kepler hat astrologische Prognosen eher zurückhaltend betrachtet. Ein berühmter Satz von ihm lautet: »Meine Gestirne [bei den astronomischen Entdeckungen] waren nicht Merkur, östlich von der Sonne, im 7. Haus stehend und Mars im Quadrat zu ihm, sondern Kopernikus und Tycho Brahe.« Entsprechend lehnte er Fragen nach zukünftigen Ereignissen in der Regel ab. Und auch an ironischen Bemerkungen fehlt es nicht. Eine eigene Befürchtung wegen einer Mondfinsternis in der Nähe seines Aszendenten, die keinerlei negative Folgen hatte, kommentiert er mit den Worten: »Wenn im Himmel das Licht erlischt, erbleichen auch auf Erden Vernunft und Affekte.« Immer wieder jedoch wird er als Hofastronom für Jahresprognosen und Beurteilungen aller möglichen Unternehmungen in Anspruch genommen und erhält laufend Anfragen nach Horoskopen. Mehrere hundert davon haben sich im Nachlass gefunden. Keines aber war so spektakulär wie das für jenen Mann, der angeblich den Kaiser stürzen wollte, darüber jedoch selbst stürzte und ermordet wurde: für Wallenstein.

Im Jahr 1608 verlangte ein böhmischer Adliger über einen Mittelsmann anonym Auskunft – gegen gute Bezahlung, versteht sich. Kepler gibt sie in großer Ausführlichkeit, in jener (Kasten-)Form, die damals üblich war und außer der Verteilung der Planeten auf den Tierkreis die zwölf Häuser einbezog. Die Beurteilung lautet: geboren im Zeichen des Wassermanns und in ihm die zwei »höchsten« Planeten, Saturn und Jupiter – ein ausgesprochen dramatischer Aszendent also. Vor einer näheren Analyse erteilt er wohl die Standardwarnung, die er jedem Horoskop beifügte: dass der Himmel nur der Vater des Geschicks, die Mutter die eigene Seele sei. Man dürfe also nicht zu viel erwarten, am ehesten etwas von den Aspekten, die die Seele »aufmuntern«.

Aber dann spielt der Saturn im Aufgang doch eine Hauptrolle. Er mache melancholisch, gemildert durch den alsbald folgenden Jupiter, sein gerades Gegenspiel, der hoffen lasse, dass sich im reifen Alter die melancholischen »Untugenden« gelegt haben. Insgesamt deuteten diese wichtigen Planeten in so exzeptioneller Stellung (in Konjunktion) auf ein Streben nach Macht und Würde, wobei sich der Proband manche Feinde machen, aber letztlich siegen werde. Der gerade gestorbene Kanzler von Polen und die große Elisabeth von England hätten ein ganz ähnliches Horoskop gehabt. Auf jeden Fall sei (mit der Sonne im 7. Haus, dem Haus der Ehe) eine »stattliche Heirat« zu erwarten. Merkur in Opposition zu Jupiter deute darauf, dass der Proband zu einem Anführer von viel Volk aufsteigen werde. Die nächste große Konjunktion von Saturn und Jupiter im Jahre 1613 werde schon »allerlei grausame erschreckliche Verwirrungen mit seiner Person« bringen.

Es ist keine Frage, dass Kepler mit diesen Ausführungen bereits weiter gegangen war, als es ihm sein Gewissen zubilligte.

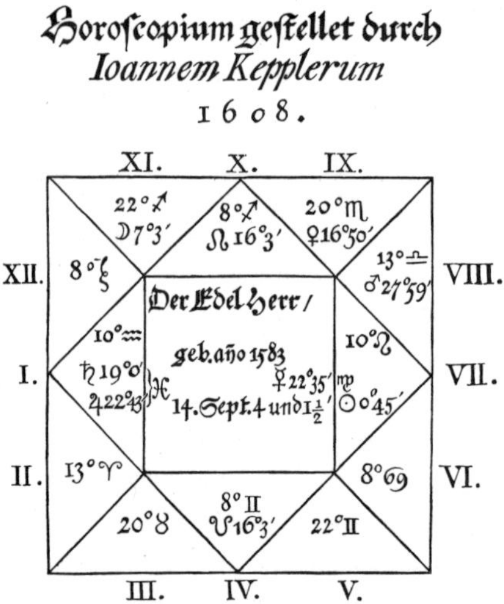

Keplers erstes Horoskop für Wallenstein von 1608

Aber es kommt noch direkter, denn Kepler praktiziert nun überaus heikle Prognosen, indem er das Geburtshoroskop gewissermaßen Stunde für Stunde weiter »dreht«, um daran jeweils das nächste Jahr abzulesen. Wallenstein hat später jeden Eintrag mit den Tatsachen verglichen und kommentiert. Fürs 21. Lebensjahr gibt Kepler eine Krise an aufgrund einer großen Konjunktion von Saturn und Jupiter, und Wallenstein notiert sich, dass er mit Mühe die Pest überstanden habe – wenngleich erst im 22. Lebensjahr. Die Opposition von Saturn und Jupiter 1611 werde vermutlich zu einem »Kriegsbefehl« führen, heißt es im Horoskop; der Kommentar: kein Kriegsbefehl, aber viele sonstige Unannehmlichkeiten. Mit der reichen Heirat im 33. Jahr hat Kepler zwar, was das Jahr betrifft, danebengelegen, aber die tatsächliche (zweite) Heirat Wallensteins in seinem 40. Lebensjahr war reich, so reich, dass er jene Armee auf seine eigenen Kosten aufstellen konnte, mit der dann alles Weitere ins Rollen kam. Nichts am Horoskop habe ihn so beeindruckt wie diese reiche Heirat, notierte Wallenstein.

Kepler brachte also etwas ins Rollen. Die Warnungen hatte Wallenstein überhört, vielleicht gar nicht erst wahrgenommen. Jedenfalls verlangte er eine Präzisierung, die Kepler Anfang 1625 lieferte – diesmal kannte er den Auftraggeber auf jeden Fall. Die Geburtsstunde wurde leicht verändert, damit die mittlerweile eingetretenen Ereignisse wie die Heirat besser passten und zur feineren Justierung der zukünftigen verhalfen. Zudem wollte Wallenstein wesentlich mehr wissen, zum Beispiel, ob er in der Heimat oder im Ausland sterben werde. Kepler beginnt wie immer und diesmal noch etwas intensiver mit seinen Warnungen: Er wolle nicht als »Comödiant« oder sonstiger »Spieler« missverstanden werden. »Wer gern mit sehenden Augen will betrogen werden«, möge sich an seine Kollegen wenden.

Dann folgen jedoch die Beurteilungen zu den Konstellationen der nächsten Jahre mit Kurzkommentar hinsichtlich ihrer »Bedeutung«. Wallenstein verglich wieder die Prognosen mit den Fakten: Dänemark aus Holstein vertrieben, Magdeburg belagert etc. Dass er zufrieden war, zeigt sich darin, dass er Kepler, den der Kaiser nie besoldet hatte, als »Fürstlich Friedländischen Mathematicus« einstellte und damit erstmals wirklich versorgte. Kepler konnte so sein Lebenswerk vollenden, die großen Tafeln der Ephemeriden mit der Angabe der Planetenörter für die nächsten Jahre, wovon weniger die Astrologie als die Seefahrt profitierte. Als er 1630 starb, wurde Wallenstein zwar gerade entlassen, stand aber mit der neuerlichen Berufung als Generalissimus vor dem Höhepunkt seiner Macht – lange vor seiner Ermordung durch kaiserliche Häscher in Eder.

Natürlich ist immer wieder die Frage gestellt worden, ob Kepler diesen Lebensweg »vorhergesagt« habe. Und natürlich gibt es darüber verschiedene Meinungen. Aber etwas anderes ist viel interessanter. Wir können anhand dieses Horoskops einmal sehen, wie ein Betroffener darauf reagierte. Wallenstein war astrologiegläubig, vielleicht etwas mehr als damals üblich, wenn auch nicht so, wie es ihm von seinen Gegnern angedichtet wurde. Der bayerische Kurfürst, der seine Entlassung betrieb, fütterte den Kaiser regelrecht mit richtigen und wohl vor allem falschen Hinweisen auf diese Astrologiegläubigkeit, die zu verheerenden militärischen Fehlern geführt habe und außerdem auf Atheismus beruhe. Tatsächlich hat Wallenstein seine Operationen nachweislich nach militärischen und nicht astrologischen Gegebenheiten vorgenommen.

Aber etwas anderes wird ebenfalls zutreffen: Das Kepler'sche Horoskop hatte ihm eine große Laufbahn in Aussicht gestellt, und die Entscheidung in Richtung Karriere könnte auf dieser Grundlage gefallen sein. Dies bedeutet, dass die Astrologie unter ganz anderen Gesichtspunkten denn ihrer »Wahrheit« betrachtet werden muss: Es geht eher um die Bereitschaft, nach seinem Horoskop zu leben, das angekündigte »Schicksal« anzustreben. Das Horoskop mutiert mit anderen Worten zu einer Art Erziehungsprogramm mit dem Astrologiegläubigen als dankbarem Objekt und dem Astrologen als Glücksbringer – oder auch als Mitschuldigem an einem Mord.

Zu Beginn des 17. Jahrhunderts war Astrologie noch möglich, ja verbreitet – auch unter den Intellektuellen bzw. Wissenschaftlern. Aber ein Wandel ist nicht zu übersehen. 1586 hatte Papst Sixtus V. eine Bulle gegen alle Formen der Wahrsagung erlassen, besonders gegen die Astrologie. Damit wurde eine Grundbestimmung des Tridentinischen Konzils umgesetzt, mit dem die katholische Kirche ihre Überzeugungskraft in Zeiten der Gegenreformation unter Beweis stellen wollte. Natürlich bedeutete dies nicht das Ende. Italienische Spezialisten ließen fortan ihre Schriften bevorzugt in Frankreich drucken. Wie wenig das Verbot nützte, zeigt im Übrigen die Wiederholung des Verbots unter Papst Urban VIII. 1631 mit der Androhung schwerer Strafen.

Es gab aber auch einen anderen Ausweg als die Flucht ins Ausland: Man wechselte das Thema. Dies tat ein Italiener namens Giambattista della Porta, der im Jahr des ersten Verbots, also 1586, sein Buch *Über die menschliche Physiognomik* veröffentlicht hatte und 1603, anlässlich einer Neuauflage unter dem Titel *Himmlische Physiognomik*, das Verbot der Astrologie nicht nur erwähnt, sondern sein Werk ausdrücklich als Versuch einer Ablösung von der alten abergläubischen Praxis hinstellte. Was schon Aristoteles vermutet hatte und im Laufe der Geschichte immer wieder einmal probiert wurde, lag nun in einem riesigen Wälzer vor: die Analyse eines Charakters nicht nach den Zeichen in den Sternen, sondern nach solchen an der äußeren Gestalt. Ein kühner Charakter ergab sich nun nicht mehr aufgrund der Geburt unter dem Sternbild des Löwen bzw. seinem Haus in der Sonne, sondern aus der Hakennase, die dem heroischen Adler ähnelt.

Das Thema wurde in Europa rasch populär. In der *Physiognomik* des englischen Arztes John Browne von 1635 wird behauptet, die Bettelmönche hätten mit sicherem Blick in der Menge die Spendenfreudigen am Gesicht erspäht. Zugleich unternahmen andere eine Spezialisierung auf die Hand, deuteten deren Linien, und zwar in enger Anlehnung an astrologische Vorgaben, wobei die einzelnen Finger Planeten entsprachen.

Selbstverständlich taucht daneben auch Kritik auf. Im Falle der Physiognomik bezieht sie sich auf die Möglichkeit der Verstellung, wenn etwa unter den körperlichen Zeichen auch die Stimme herangezogen wurde. Eine hohe Stimme müsse nicht Ängstlichkeit belegen, sondern könne im Falle von Begierde oder Zorn ein Zeichen von Lebenskraft sein. Und falls der Betreffende einfach nur zu wenig Luft geschöpft hat, sei die Höhe eher das Ergebnis von Schwäche, wie es Kranke belegen. Als auf dem Höhepunkt der Aufklärung in Frankreich 1751 bis 1765 die *Enzyklopädie* von d'Alembert und Diderot erschien, wird die Physiognomik aufgrund der Unwägbarkeiten scharf verurteilt.

Aber das reichte nicht zur Verdrängung. Auf dem Höhepunkt der Aufklärung erschien 1772 eine kleine Schrift mit dem Titel *Von der Physiognomik* aus der Feder des schweizerischen Theologen Johann Caspar Lavater, woraus zwischen 1775 und 1778 das große vierbändige Werk *Physiognomische Fragmente, zur Beförderung der Menschenkenntniß und Menschenliebe* erwuchs. Unter den Intellektuellen Europas erzeugte es einen regelrechten Aufruhr. Denn statt einer immer umstrittenen Prognose der Zukunft aus himmlischen Zeichen sollte nun ein Verstehen des Menschen aus seiner körperlichen Beschaffenheit möglich sein. Der Charakter musste nicht mühsam aus (trügerischen) Worten und (interpretationsbedürfti-

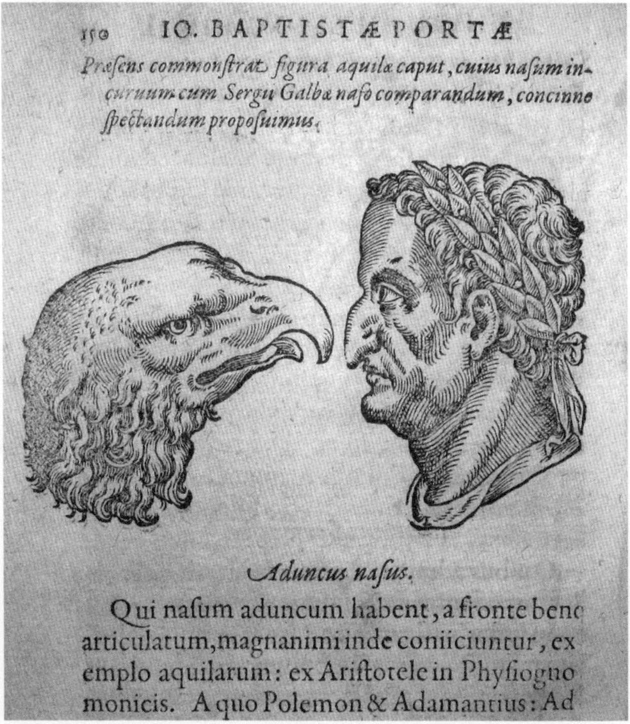

»Adlernase« in Giambattista Della Portas *Über die Physiognomie des Menschen*, 1586

gen) Handlungen erschlossen werden, sondern aus sicheren, weil unwandelbaren, unverstellbaren Zeichen – in wissenschaftlich exakter Begründung.

Wenn man einzelne Formulierungen von Lavater liest, wird der Bezug zur Astrologie vielleicht nicht auf Anhieb deutlich, bei näherem Hinsehen erschließt sich jedoch die Parallele. Es gibt jedenfalls äußere Zeichen, an denen sich der innere Charakter ablesen lässt. Nur sind es eben nicht mehr Zeichen am Himmel, sondern an der Gestalt, die lediglich gedeutet werden müssen. Eine »sanftmüthige, bescheidene, friedfertige Seele« habe nicht das »Gesicht eines rohen, harten, zornigen und unerbittlichen Menschen« – die »Muskeln« gestatteten so etwas nicht. Und wieder sind es Charaktermerkmale wie etwa »häusliche Treue und Geschäfftigkeit«, von denen sich auf bestimmte Handlungen in der Zukunft schließen lasse. Dafür entwickelt Lavater Messapparate, die für Genauigkeit sorgen sollen wie das Astrolab einst bei der Gestirnsmessung. Diese Genauigkeit führt zu »Regeln«, die dem Deuten Halt geben, wie das folgende Zitat zeigt.

> »Wessen Figur schief –, wessen Mund schief –, wessen Gang schief –, wessen Handschrift schief ist, das ist, nach ungleichen, sich durchkreutzenden Direktionen geht –, dessen Denkensart, dessen Charakter, dessen Manier, zu handeln, ist schief, inkonsequent, kleinseitig, sophistisch, listig, launisch, widersprechend, kaltschalkhaft, hartgefühllos.«
>
> *Johann Caspar Lavater*

Zu erwartende Handlungen lassen sich also regelrecht ausmessen: »Jedes Gesicht ist dumm, was vom Augenwinkel an, bis mitten an den Nasenflügel, kürzer ist, als von dort zur Mundspitze.« Sogar die kleine Warnung, die Lavater anlässlich solcher Deutungen gibt, erinnert an die Astrologie: Man könne aus dem Gesicht nicht die »zufälligen Schicksale des Menschen« ablesen, sondern eben nur den Charakter, aus dem Handlungen fließen. Im Übrigen erzeugte Lavater mit seinen Thesen eine Mode, der man den astrologischen Hintergrund nie und nimmer ansehen würde: den Scherenschnitt bzw. Schattenriss mit den wichtigsten und vor allem unverstellbaren Linien, die dem Deuten zugrunde liegen. Man kann auch sagen: Die Astrologie ist tot, aber sie hat einen Nachfolger gefunden.

Natürlich stellte sich entsprechende Kritik ein. Goethe, der Lavater auf einer Rheinfahrt näher kennengelernt hatte, leistete zunächst wie viele andere Beiträge zu Lavaters physiognomischen Sammlungen, entzweite sich jedoch später mit ihm über dem Projekt. Wilhelm von Humboldt verwahrte sich gegen die Verknüpfung von Innen und Außen, Hegel sprach direkt vom »unwesentlichen Äußeren«, das sich gegen das Innere »gleichgültig« verhalte. Am energischsten hat sich Georg Lichtenberg, Literat, aber auch Naturwissenschaftler (der sich mit Blitzableitern beschäftigte), eingeschaltet, indem er 1778 eine Schrift mit dem Titel *Über Physiognomik wider die Physiognomen: zu Beförderung der Menschenliebe und Menschenkentniß* vorlegte. Darin wendet er sich wieder in klarer Parallelisierung der Physiognomik mit der Astrologie gegen das Unternehmen. Und dann heißt es ganz klar: »Jetzt sind es Zeichen an der Stirne die man deuten will, ehmals waren es Zeichen am Himmel.«

Lichtenberg hat eine Reihe von Begründungen vorgetragen, um die Physiognomik zu erschüttern. Besonders überzeugend ist seine Kritik an der platten Nase, die Schadenfreude anzeigen soll. Was – so die rhetorische Frage – wäre jedoch, wenn man jemandem die Nase eindrückt; würde der schadenfroh? Vielleicht noch überzeugender sein kleines Selbstexperiment

»Ich wollte Mißtrauen erwecken gegen jene transzendente Ventriloquenz [gemeint: Bauchrednerei], wodurch mancher glauben gemacht wird, etwas das auf Erden gesprochen ist, käme vom Himmel; ich wollte hindern, daß, da grober Aberglaube aus der feineren Welt verbannt ist, sich nicht ein klügelnder an dessen Statt einschliche, der eben durch die Maske der Vernunft, die er trägt, gefährlicher wird, als der grobe.«

Georg Lichtenberg

mit dem Nachtwächter, der ihn Nacht für Nacht aus dem Schlaf riss. Er zeichnete ihn nach seiner Stimme und verglich dies irgendwann mit dem Original – mit katastrophalem Ergebnis. Nein, zwischen Außen und Innen besteht keine Übereinstimmung. Ob Sterne oder Stirn: Es gibt nichts zu deuten, weil nichts so »ist«, wie es »aussieht«. Wer einen Charakter kennenlernen will, muss einen mühsameren Weg gehen. Wer an Oberflächen ansetzt, urteilt oberflächlich.

Dies gilt auch für das allerletzte Refugium dieser Form von »Wissen«: die Deutung der Handschrift, die Graphologie. Nach einem Höhenflug dank des Buchs von Ludwig Klages *Handschrift und Charakter* von 1917 ist der Rausch mittlerweile zu Ende. In Dutzenden wissenschaftlichen Überprüfungen wurde die Willkür der Deutungen nachgewiesen. Infolgedessen muss man nicht mehr seinen Lebenslauf in Handschrift vorlegen, wenn man sich irgendwo bewerben will.

Vom Umgang mit Horoskopen

Erneute Wiederkehr

Am Ende des 18. Jahrhunderts war die Astrologie in weiten Teilen Europas aus der intellektuellen Diskussion verschwunden. Der Aufschwung der Naturwissenschaften hatte das Klima verändert, als Kriterium für Wissen rangierten Erfahrung und Experiment, verbunden mit Mathematik. Die Erfolge aus dieser Konstellation sprachen für sich. Erfindungen auf Erfindungen revolutionierten die Welt, die Wissenschaften erreichten einen Ruhm, der vielen wie ein Ersatz der Religion erschien und den Aberglauben in hinterste Winkel verbannte. Wie sollte da die Astrologie noch einmal zurückkehren? Die Frage ist einfach zu beantworten: Sie kehrte zurück – in Verbindung mit dem Sieger, im Anschluss an die Wissenschaft.

Zu den auslösenden Ereignissen gehörte, dass Wilhelm Herschel am 13. März 1781 einen neuen Planeten entdeckte, Uranus. Der englische Musiker (zeitweise Dirigent eines Orchesters in Bath) und Musikwissenschaftler hatte sich mit Harmonik beschäftigt und dies wie schon Kepler auf die Astronomie übertragen. Als er sich selbst ein besseres Beobachtungsinstrument baute, ein erstes Spiegelteleskop, passierte es dann. Es zeigte sich dieser weitere Planet Uranus, dem erst Neptun und Pluto, dann fast zahllose andere folgen sollten. Aber wer gedacht hatte, dies mache der Astrologie den Garaus, irrte. Es war eher umgekehrt: Manche Ungenauigkeit der alten Berechnungen schien nun eine Erklärung zu finden. Vor allem in England boomte die Astrologie.

Neben mehreren einführenden Büchern bzw. Handbüchern zum Thema verfasste Richard James Morrison alias Zadkiel seit 1831 *The Herald of Astrology* (*Der Herold der Astrologie*), auch bekannt unter *Zadkiel's Almanac*, in dem er jährliche Vorhersagen über zukünftige Ereignisse machte. Noch erfolgreicher war ein Werk, das im Jahre 1701 von Francis Moore als Almanach unter dem Titel *Vox stellarum* (*Stimme der Sterne*) publiziert, von Henry Andrew Moore zwischen 1789 und 1820 neu ediert wurde und schließlich 1839 eine Auflage von 560 000 Exemplaren erreichte. Mittlerweile reüssierte die Astrologie weltweit. In den Vereinigten Staaten wurde Evangeline Adams berühmt, nachdem sie einen Hochhausbrand »vorausgesagt« hatte. Sie praktizierte in New York in der Carnegie Hall, wo etwa Enrico Caruso ihr Klient wurde. Anklagen wegen Wahrsagerei 1911 und 1914 überstand sie, weil sie dem Richter ein Horoskop seines Sohnes erstellte, das sich anschließend bestätigte. Ihre Autobiographie erschien 1926 unter dem Titel *The Bowl of Heaven* (*Der Schlüssel des Himmels*).

Auch Deutschland machte bei der Wiederkehr der Astrologie mit. Die Weimarer Zeit gilt geradezu als eine Phase der Blüte, was man auf den Zusammenbruch der traditionellen Weltbilder im Ersten Weltkrieg zurückgeführt hat. 1924 entstand in Berlin die Akademische Gesellschaft für astrologische Forschung, der dann die Deutsche Kulturgemeinschaft zur

Pflege der Astrologie folgte. In der Zeit des Nationalsozialismus entstand eine eigenartige Situation von Interesse und Verfolgung. Hitler war sofort das Horoskop gestellt worden, das der damalige *Völkische Beobachter* publizierte, weil es aufgrund des starken Widder-Einflusses den »geborenen Kämpfer«, eine »bedeutende Führerrolle« prognostizierte. Der Astrologe Wilhelm Wulff hat in seinem Buch *Tierkreis und Hakenkreuz* berichtet, dass man ihn mit »okkulter Kriegsführung« betraute, um zum Beispiel den Aufenthaltsort von britischen U-Booten oder des entführten Mussolini zu finden. Aber es kam auch zu Verhaftungen und Einweisungen in ein KZ, Wulff selbst entging dem knapp.

Statistiken

Der Versuch, die Astrologie mit wissenschaftlichen Methoden auf neue – und das heißt empirische – Grundlagen zu stellen, wurde schon kurz zuvor von einem Arzt gemacht: von Herbert Freiherr von Klöckler in *Astrologie als Erfahrungswissenschaft*, erstmals erschienen 1927. Klöckler legte als Methode die Statistik zugrunde, sein Buch enthält davon im Anhang 200 Seiten. Der Erfolg beruhte also nicht mehr wie im 16. Jahrhundert auf spektakulären »Voraussagen«, sondern auf spektakulären Bestätigungen. So fand er heraus, dass der englische König Georg II. und der Tagelöhner Samuel Hennings am gleichen Tag geboren waren, zur gleichen Zeit heirateten, die gleiche Anzahl von Kindern des gleichen Geschlechtes hatten und zur gleichen Zeit starben. All dies gründete er auf der Annahme, dass Mensch und Kosmos verbunden sind, dass es einen entsprechenden »Einfluss« gebe, der für »seelische Grundeinstellungen« verantwortlich sei, auch wenn sich dies nicht physikochemisch erklären lasse.

Und so geht Klöckler die alten Lehren durch, beginnend mit den »Planeten«, zu denen nun auch schon Uranus zählt. Wo die Stellung der Sonne von besonderer Bedeutung ist, wirke sich dies nach der Urkraft der Wärme auf Machttrieb und Gestaltungswillen aus, befähige zu politischer oder gesellschaftlicher Tätigkeit. Beim Mond spiele feuchte Fruchtbarkeit eine Rolle, beim Mars motorische Energie (die Ärzte bevorzugt zu Chirurgen mache).

Konjunktion sei bei lebensfördernden Planeten günstig, bei lebensfeindlichen negativ. Ein »feuriger« Trigon (also Winkel von 30 Grad) mit Widder, Löwe, Schütze mache cholerisch, ein »irdischer« mit Stier, Jungfrau, Steinbock melancholisch.

Weiter geht es – immer belegt durch die Statistik – um eine Affinität von Berufen zur Stellung der Planeten in bestimmten Stierkreiszeichen: In der Gruppe der Bildhauer stehe die Sonne vorzugsweise im Marszeichen Skorpion, bei Malern die Sonne gehäuft in den Venuszeichen Stier und Waage. Auch die Häuser spielen eine bedeutende Rolle. Reichspräsident Friedrich Ebert etwa hatte Sonne und Jupiter im Trigonalschein im 1. und 10. Haus, Kaiser Wilhelm II. die gleiche Konstellation, während allerdings ein »verdorbener« Mars das Horoskop insgesamt beherrschte – der Kaiser lebte zu dieser Zeit nach seiner Abdankung bereits im niederländischen Exil.

Immer wieder sucht Klöckler nach Belegen für alte astrologische »Lehren«, beklagt selbst die ihm zur Verfügung stehende empirische Basis als noch viel zu schmal. Trotzdem wagt er sich weit vor. So geht er wie schon Kepler von astralen »Erbbeziehungen« aus, glaubt also, dass die Horoskope unter Verwandten besonders »verwandt« sind, am stärksten bei

Geschwistern. Sein Beispiel: Unter sieben Verwandten fand sich viermal der Aszendent im Zeichen der Jungfrau, also mit 57 Prozent gegenüber 12 Prozent Zufall. Bei der Familie einer religiösen Gemeinschaft entdeckte er ähnliche Horoskope, die er für den in dieser Familie grassierenden Fatalismus verantwortlich machte, während das einzige Kind mit unähnlichem Horoskop den Fatalismus ablehnte. Auch Kronprinz Wilhelm und seine beiden Söhne hatten ein ähnliches Horoskop.

Man kann so weiterlesen und stößt auf sämtliche Positionen der klassischen Astrologie, begleitet von empirischen Belegen. In Bezug auf einen Zusammenhang zwischen Horoskop und Körperbau finden sich bei Personen mit dem Sonnenzeichen Zwillinge lange Hände und Finger (bei Richard Wagner und Dante), bei solchen mit dem Löwen eine kräftige Gestalt (bei Bismarck und General Ludendorff), aufgrund von Mars im 1. Haus eine straffe Eleganz (bei Matthias Erzberger), im Falle von Jupiter im gleichen 1. Haus Fülle und Würde (bei Friedrich Ebert).

Besondere Aufmerksamkeit ziehen »abnorme Schicksale« auf sich, weil sie als ideale Nachweismöglichkeit für die Beziehungen zwischen Horoskop und Charakter gelten. Beim Selbstmord gebe es eine kritische Konstellation des Aszendenten und des Mondes, weil der Mond für das seelische Gleichgewicht besonders wichtig sei. Die Statistik belege, dass der Mond auch für hysterische Leiden ausschlaggebend ist. Als Beispiel dient eine Frau mit dem Mond im 12. Haus, im kritischen Winkel mit Saturn, was zusammen mit der Sonne auch noch eine spezielle Selbstmordart begünstige: Gift.

Selbst eine Unfallneigung hat nach Klöckler ihr Pendant in den Sternen. Der Tod eines Autorennfahrers mit dem Aszendenten von Mars und Merkur erscheint ihm »vollauf begreiflich«, da Merkur für Verkehrsunfälle besonders verantwortlich sei. Kriminelle Anlagen wie die Neigung zu Diebstahl und Betrug zeichneten sich neben Venus und Stier (verantwortlich für »starke Wunschtriebe«) durch eine ungünstige Stellung des Merkur und eine schwächliche des Jupiter aus. Mörder hätten Saturn mit maximaler Wirksamkeit sowie einem »schlechten« Saturn (in Opposition zur Sonne im Stier). Als Beispiel dient ein Mörder, der ein Jahrzehnt unentdeckt blieb, bis ihm sieben Raubmorde nachgewiesen wurden, wobei die Brutalität angezeigt durch die dominierende Opposition zwischen Sonne und Saturn werde. Ein Massenmörder hatte den Skorpion im Aszendenten. Mord bei einem »homosexuellen Lustmörder« ging mit Sonne und Merkur im Geschlechtszeichen Skorpion einher, wobei der günstige Winkel zwischen Sonne und Jupiter die geschickte Verbergung des verbrecherischen Tuns über einen langen Zeitraum begünstigt habe.

Genauso geht Klöckler besondere Begabungen durch, wobei er sich auf den Vorgänger Paul Flambart beruft, einen französischen Soldaten, der zu Beginn des 20. Jahrhunderts erstmals mit Statistiken gearbeitet hatte. Klöckler fand an 800 Geburtshoroskopen geistige Leistungen bei luftigen Zeichen, ferner Jungfrau und Skorpion besonders häufig im Aszendenten, kaum den Mond im Skorpion. Bei musikalischer Begabung liege häufig ein Winkel zwischen Venus und Uranus vor, was von einem Kollegen angeblich an mehr als 2000 Fällen bestätigt wurde. Komponisten hätten häufig Jungfrau, Zwillinge und Fische in ihrem Sonnenzeichen. Bei Richard Strauss waren es der Krebs im Aszendenten, die Sonne in Konjunktion mit Venus in den Zwillingen, der Mond in der Jungfrau. Richard Wagner hatte die Sonne in den Zwillingen und in Konjunktion mit Venus, Venus selbst wieder stand im Sextil mit Jupiter. Maler wie Albrecht Dürer, Thomas Mann als Dichter – alle böten Charakteristisches. Natürlich gehört auch das Goethe-Horoskop zum Zitierten: Skorpion stieg auf, die Sonne stand im Merkur-Zeichen Jungfrau, der Mond im Phantasie-Zeichen Fische mit Venus im 10. Haus.

Womit es zur vergleichenden Astrologie (Partner-Astrologie) geht. Wilhelm II., der kurz nach seinem Regierungsantritt Bismarck entließ, stand mit dessen Horoskop in »typischer Disharmonie«, während die Horoskope von Goethe und seiner Ehefrau Christiane Vulpius harmonisch ausfielen. Bei Ehescheidungen sei die Waage im Aszendenten häufig, wobei diese Waage als siebtes Tierkreiszeichen dem 7. Haus als dem Haus der Ehe entspricht. Weiter seien »schlechte« Winkel des Mondes mit Mars und Neptun typisch. Tod durch Menschenhand lasse sich ebenfalls in den Sternen ablesen, siehe Wallenstein mit Mars im 8. Haus.

Selbst Länderastrologie ist Klöckler nicht zu abwegig. Die französische Finanzkrise mit Aufständen in Marokko und Syrien schreibt er der Tatsache zu, dass Saturn im Skorpion stand, dabei in das Quadrat zum Löwen eintrat, dem traditionell Frankreich zugeordnet wird. Als am 18. Januar 1871 um 12.15 Uhr in Versailles das Deutsche Kaiserreich ausgerufen wurde, befand sich Jupiter im 1. Haus, womit für Deutschland eine Blütezeit begann.

Wem das nicht genug ist, erfährt noch mehr. So seien die 24 Toten bei einem Straßenbahnunglück in Iserlohn kein Zufall: In den Geburtshoroskopen der Beteiligten fanden sich 51 kritische Uranusaspekte gegenüber 29 günstigen. Weiter hält Klöckler auch noch die Millionen Kriegsgefallenen des Ersten Weltkriegs für Opfer zwar nicht ihres Horoskops, so doch der intensiveren Sonnenfleckentätigkeit, die die jeweiligen Einzelhoroskope »empfindlicher« gemacht habe.

All dies muss man glauben. Was Klöckler als empirische Grundlage bezeichnet, sind Horoskope, die ganz überwiegend auf bloßen Geburtsdaten beruhen, also die allermeisten wesentlichen Punkte der traditionellen Horoskopie gar nicht berücksichtigen. Im Übrigen geht es in allen Fällen auch nach Klöcklers eigener Aussage um Interpretationen, die sehr leicht anders ausfallen können, wenn man etwa die Winkel bzw. Aspekte anders »liest«. Wenn er einmal aus Newtons Horoskop auf besondere wissenschaftliche Begabung schließt, könnte man darauf hinweisen, dass Hitlers Horoskop ganz ähnlich war. Die Grundlage für Klöcklers Annahme ist sehr einfach und auch von ihm benannt: der Glaube an einen »Zusammenhang« von Sternen und Schicksal. Den wichtigsten Beweis dafür sieht ebenfalls er selbst im Zusammenhang von Handschrift und Charakter, der »feststehe« – auf den Irrtum wurde schon hingewiesen.

Trotzdem war die Wirkung des »empirischen« Vorgehens mit den Mitteln der Statistik ein Erfolgsmodell. Der vielleicht bedeutendste weitere Vorstoß kam aus Frankreich. Dort unternahm der Psychologe und Statistiker an der Sorbonne, Michel Gauquelin, zusammen mit seiner Frau Françoise Schneider-Gauquelin ebenfalls den Versuch, die Astrologie auf wissenschaftliche Grundlagen zu stellen. Daraus entstand 1951 das Buch *Der Einfluß der Sterne*. Insgesamt wertete Gauquelin nun schon 500 000 Geburtsdaten aus, allerdings in wesentlich reduzierterer Zugrundelegung der traditionellen Astrologie. Als statistisch auffällig sind vorzugsweise die Stellungen der Planeten veranschlagt: vor allem die des Mars knapp über dem Aszendenten bei Sportlern, was als »Mars-Effekt« in die Diskussion einging. Als Alan Smithers von der Universität Manchester 2,3 Millionen Daten der britischen Volkszählung von 1971 auswertete, fragte er Astrologen nach ihren Erwartungen über das Schicksal – die dann beim nachträglichen Abgleich fast immer falsch lagen.

Noch einmal rückte die Astrologie mit der Statistik fast ins Zentrum der Weltöffentlichkeit. Und zwar durch Gunter Sachs, den als einzigen deutschen Playboy von internationalem Format bekannt gewordenen Industriellenerben, Bobfahrer, Kunstsammler, Fotograf, Filmemacher, zeitweiligen Ehemann von Brigitte Bardot, der schließlich auf die Nachricht von seiner Alzheimer-Erkrankung seinem Leben mit einer Pistolenkugel ein Ende setzte. Sachs gründete 1995 ein Institut mit langem Namen: Institut zur empirischen und mathematischen Untersuchung des möglichen Wahrheitsgehaltes der Astrologie in Bezug auf das Verhalten von Menschen und deren Anlagen. 1997 veröffentlichte er die dort erarbeiteten Ergebnisse in seinem Buch *Die Akte Astrologie.*

Neu war in diesem Fall die empirische Grundlage. Sachs benutzte Daten von 20 Millionen Probanden aus verschiedenen europäischen Ländern und suchte nach Zusammenhängen zwischen dem Sonnenzeichen und biographischen Ereignissen wie Eheschließung, Berufswahl, Verkehrsverhalten und Selbstmordneigung. Das methodische Vorgehen ist von Kritikern verschieden gewürdigt worden. Ein Berufsmathematiker ging von Fehlern aus, ein anderer von methodisch sauberer Arbeit. Allerdings war die Fragestellung allein schon durch die Einengung auf das Sonnenzeichen eng, was die Ergebnisse auch dann zweifelhaft macht, wenn Zusammenhänge bestätigt wurden, die sich angeblich nicht durch Zufall erklären ließen. Auch in den positiven Stellungnahmen zum methodischen Vorgehen liest man, dass der entscheidende Zusammenhang zwischen Sonnenzeichen und Biographie mit derartigen Ergebnissen nicht erwiesen sei.

Trotzdem war das Buch außerordentlich erfolgreich. Es stand 21 Wochen auf der *Spiegel*-Bestsellerliste, wurde ins Englische und Französische übersetzt und erhielt einen Nachtrag, in dem Elisabeth Noelle-Neumann eine Studie zum Thema ihres Instituts für Demoskopie Allensbach beigab und mit Geleitwort versah. Seither ist es zweifellos die Statistik, die weiter die Vermutung über »wahre« Grundlagen der Astrologie befeuert. Nur besagt eine Abweichung vom Zufallsbefund immer noch nichts Entscheidendes, weil statt dem Stand der Sterne zum Beispiel die Jahreszeit eine prägende Rolle spielen könnte.

Erfolge und Attacken

Der große Erfolg der Astrologie in unseren Zeiten beruht allerdings nicht nur, ja kaum in erster Linie auf dem Versuch der wissenschaftlichen Neubegründung, bei dem man auch noch auf die Allianz mit der Tiefenpsychologie von Carl Gustav Jung hinweisen könne. Vielmehr erreichen immer wieder Astrologen bzw. Astrologinnen mit ihrer ganz »normalen« Tätigkeit ein Riesenpublikum.

In den USA gelang dies zum Beispiel Susan Miller, deren Website über zwei Jahrzehnte hin monatlich um die sechs Millionen Leser fand. Ihre Tipps für zahlende Kunden betrafen die günstigen Zeitpunkte für Hochzeiten, Vertragsabschlüsse oder Immobilienkäufe, wobei man etwa eine »richtige« Merkur-Stellung abwarten musste. Seit 1995 betreibt sie das

Wenn nach der Statistik von Alan Smither von der Universität Manchester Krankenschwestern tatsächlich »häufig« Stier, Krebs oder Jungfrau in ihrem Sonnenzeichen hatten, muss man sich einmal fragen, was dies wirklich bedeutet: nämlich dass von einigen zig Millionen Frauen ein Viertel (drei von zwölf Sternzeichen) die Disposition besäßen, Krankenschwester zu werden. Damit wäre jede Behauptung eines Mangelberufs mehr als absurd.

Medienunternehmen *Astrology Zone* mit mehr als 20 Mitarbeitern. Ihre Horoskope erscheinen in zehn internationalen Magazinen. Darüber hinaus ist sie eine gefragte Rednerin und schreibt Bücher. Zur Präsidentenwahl nach Obama kündigte sie an, die USA hätten nun das Schlimmste überstanden – nicht weil Obama schlechte Politik machte, sondern weil in seinem Horoskop zwischen Pluto und Uranus ein allzu spitzer Winkel bestehe. Jeder weiß, was folgte.

Fehlprognosen oder Widersprüche haben allerdings noch nie das Renommee der Astrologie beschädigt. Der amerikanische Psychologe Bertram R. Forer zeigte in einem Experiment, dass Studenten ein angeblich nur für sie erstelltes, in Wirklichkeit bei allen gleichlautendes Horoskop fast zu 100 Prozent als »wahr« bezeichneten. Die amerikanische Zeitschrift *The Humanist* veröffentlichte einen Artikel *Einwände gegen die Astrologie*, dem ein Aufruf zur Abkehr von 186 Wissenschaftlern, darunter 18 Nobelpreisträgern, beigefügt war. Ganze Gesellschaften gegen die Astrologie wurden gegründet und verhallten mit ihren Stellungnahmen wirkungslos. Dies verwundert nicht. Der Leidensdruck an der eigenen Existenz zusammen mit dem Wunsch, erlösende Auskunft über die Zukunft zu erfahren, waren und sind immer stärker.

»Die schöne Kunst, das Schicksal zu deuten«

Aber mit all dem ist die Astrologie nicht »erledigt«. Es gibt eine andere Perspektive, die viel interessanter ist. Nur muss man sich von der Vorstellung lösen, dass die Sterne das Schicksal »bestimmen« oder dass wir Menschen mit dem Himmel »zusammenhängen«. Die Astrologie hat vielmehr in unserer Kultur überhaupt die Frage nach dem Charakter eröffnet und Kategorien zur Beurteilung bereitgestellt. Auch wenn alle Erwartungen an Prognosen falsch waren, überdauert *Die schöne Kunst, das Schicksal zu lesen*, wie es der Titel eines Buches von Lorenz Jäger aus dem Jahre 2009 formulierte. Mehr als 2000 Jahre Arbeit an der Astrologie haben ein Denkgebäude hinterlassen, aus dem wir zurecht ausgezogen sind, das als Gebäude aber weiter fasziniert. Kein Wunder, dass es gerade die Kunsthistoriker waren, die dem gewissermaßen Rechnung trugen, indem sie in den 1930er Jahren, mitten in den fruchtlosen Versuchen einer Bestätigung der Astrologie mit statistischen Mitteln, deren künstlerische Zeugnisse besonders in der Renaissance ausgruben.

Denn dies muss man sich vor Augen halten: Mit den zwölf Sternbildern und sieben Planeten waren ja Aussagen über Möglichkeiten menschlichen Verhaltens beschrieben, die sich tief in das kulturelle Gedächtnis eingruben und bis heute eine orientierende Rolle spielen. Wir sprechen (wie schon erwähnt) immer noch von einem »jovialen« Menschen, auch wenn den wenigsten dabei vor Augen steht, dass Jupiter gemeint ist, der diesem Menschen einen bestimmten Charakter »verliehen« hat. Dass Mars etwas mit Krieg und Venus mit Liebe zu tun hat, ist für das Verständnis nicht nur von älteren literarischen Texten entscheidend, sondern sorgt mit seiner fest im Bewusstsein verankerten Bildlichkeit in Gesprächen für rasche Orientierung. Gehen wir mit Hilfe von Jägers schöner Zusammenstellung einmal die wichtigsten Fakten durch.

Schon die Konstruktion des Tierkreises mit seinen zwölf »Bildern« als Teilen des gesamten Jahres ist ein wahres Kunstwerk. An seinem Anfang steht das Zeichen Widder, weil eben der Widder einmal am morgendlichen Horizont aufging, als Tag und Nacht genau gleich lang waren: bei Frühlingsbeginn. Es war dieser von allen sehnlichst erwartete Einschnitt im Jahr, das Verlassen der Zeit, in der die Nacht über den Tag herrschte, die mit dem Widder verbunden wurde. Natürlich drückte sich darin Kühnheit aus, auch Energie. Nicht zufällig hat Mars hier seine Wohnung. Und natürlich sind dies Kategorien, die den menschlichen Charakter prägen, Menschen von anderen Menschen unterscheiden. Der Widder ist der »Erste«, der ins Neue vorstößt, Hoffnung eröffnet.

Es gibt aber bei uns Menschen nicht nur dieses Vorstoßen, es gibt weiter das Beharrende, Naturhafte, Gewachsene, auch Sture – und dies ist mit dem Stier als nachfolgendem Sternbild verbunden. Übrigens ist der Stier mit diesen Eigenschaften das typische Opfer, das die Griechen den Göttern darbrachten: nicht ein schwaches Tier, sondern ein so gewaltiges, dass es als würdig erachtet wird. Venus hat hier ihre Wohnung und bekundet, dass es nicht um rohe Natur geht, sondern um zivilisierte.

Demgegenüber repräsentiert der Zwilling das Leichte, ja Leichtfüßige. Unter den Planeten hat Merkur hier seine Wohnung, also der Götterbote mit den geflügelten Schuhen. Er ist

Nachbildung des sog. Horoskop-Amuletts Wallensteins in der Kunstkammer der Herzogin Anna Amalia Bibliothek

das erste Luftzeichen (neben Waage und Wassermann) gegenüber den Zeichen, die den anderen Elementen zugeordnet sind, also Feuer, Erde, Wasser. Natürlich blieb damit das »Luftige« daran hängen, bis hin zum Windbeutel.

Der Krebs kommt nach der Sommersonnenwende, wenn das Sonnenlicht wieder zurückgeht, die Tage kürzer werden. Damit sind Orientierungen verbunden, die ins Vergangene gehen, Menschen, die in Erinnerungen leben. Der Mond hat in ihm seine Wohnung, und zwar nur in ihm, während die anderen Planeten (außer der Sonne) Sommer- und Winterhaus besitzen.

Beim Löwen ist es das Produzierende, Zeugende, das im Vordergrund steht. Die Sonne hat in ihm ihre Wohnung, allein wegen der gelben Mähne. Und so gehört die äußere Pracht zu seinen Hauptkennzeichen. Wer wie Wallenstein den Löwen in seinem Horoskop hat, stellt dies mitunter geradezu protzend heraus; dies bezeugt ein im Kunsthistorischen Museum von Wien aufbewahrtes Horoskop-Amulett Wallensteins.

Bei der Jungfrau macht eher die Sorge um den Körper das Charakteristische aus. Auch die Genauigkeit in Wort und Zahl gehört zu ihren Eigenschaften. Es ist das Sternbild der Erntezeit, des Einsammelns. In der Kunst wird die Jungfrau als sitzend mit einem Bündel Ähren in der Hand dargestellt. Auch in ihr hat Merkur seine Wohnung.

Die Waage bietet gegen die Welt des bloß Nützlichen das freie Spiel, das Harmonische, das im Bild des Gleichgewichts zutage tritt. Es ist ja auch die Zeit der Tag- und Nachtgleiche, die mit diesem Sternzeichen verbunden ist. Wieder hat Venus in ihr eine ihrer beiden Wohnungen. Es ist die Zeit der Fülle, des Harmonischen, der künstlerischen Vollendung, die mit ihr besonders verbunden ist.

Davon unterscheidet sich strikt der Skorpion, der den Blick auf das Ende, den Tod, eröffnet, wie es ja dem giftigen Stachel entspricht. Und wer hat hier seine Wohnung? Es ist der Mars, der genau dazu passt.

Der Schütze steht im Tierkreis genau den Zwillingen gegenüber und markiert auch den Gegensatz dazu. Denn mit ihm, dargestellt als Zentaur, also als Mensch-Pferd-Wesen, sind die Bedrohungen verbunden, die mit dem Pfeil alles zerstören können. Jupiter hat hier seine Wohnung, der Gott, der die Blitze sendet, wenn ihm danach ist.

Für den Steinbock sind Härte und Zähigkeit charakteristisch: wenn man so will eine Überbietung oder Zuspitzung dessen, was der Schütze repräsentiert, also harte Wirklichkeit gegenüber bloßer Begeisterung. Der Saturn hat hier sein Haus wie gleich daneben im Wassermann.

In mittelalterlichen und frühneuzeitlichen Abbildungen ist der Wassermann als ein Mann dargestellt, der aus einem Krug Wasser ausschüttet. Er ist also ein Handelnder, auch mit besonderer Intellektualität ausgestattet im Gegensatz etwa zum Löwen, der ihm im Tierkreis genau gegenüber liegt. Zu dieser Intellektualität passt es, dass Saturn hier sein Haus hat, wegen der mit ihm verbundenen Melancholie der Planet der Philosophen. In der griechischen Mythologie ist dieser Wasserträger übrigens Ganymed, der Jüngling, den Jupiter liebte und ihn zum Olymp erhob, wo er den Göttern beim Mahl den Wein einschenkte.

Womit wir bei den Fischen sind, dem letzten Sternbild im Tierkreis, bevor es wieder mit dem Frühling und dem Widder beginnt. Sein Kennzeichen ist Mitgefühl. Während der Widder für die Tat steht, ist es hier eher das Leiden, Mitleiden. Jupiter hat in ihm sein Haus.

Wer die Informationen mitverfolgt hat, wird erkennen, dass die Sternbilder nichts anderes als eine große Beschreibung menschlicher Charaktere darstellen, eine Psychologie also, die Material zur Darstellung der verschiedenen charakterlichen Möglichkeiten bietet, die Menschen haben können. Es ist nicht nötig, darin Vorhersagen oder Vorherbestimmung zu sehen. Es genügt, die Sternbilder als besagte Beschreibung zu nehmen, Menschen mit ihrer Hilfe besser zu verstehen. Und die Sternbilder sind nicht das einzige Mittel. Es gibt ja noch die Planeten. Welche Charaktereigenschaften sind an ihnen herausgearbeitet worden?

Beginnen wir mit Saturn, dem (mit einem Umlauf um die Sonne von 29 Jahren) langsamsten Planeten, weil er am weitesten von der Sonne entfernt ist. Bei den Griechen hieß er Kronos, und die Mythologie stellt ihn als den Herrscher im Reich der Titanen dar, der seinen eigenen Vater einst entmannt

Eigenschaften der Sternzeichen

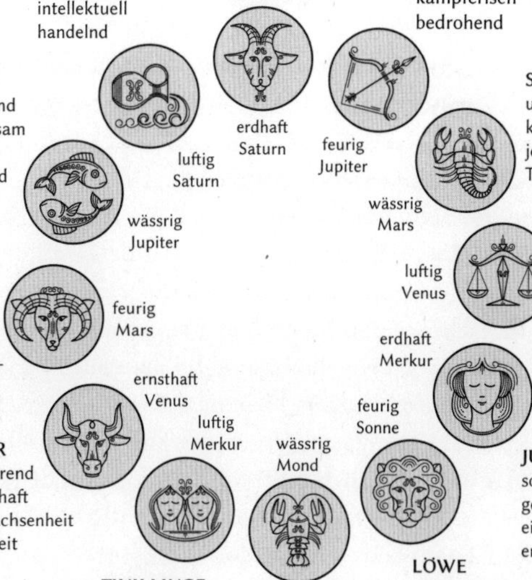

STEINBOCK
Schroffheit
Begeisterung
Zähigkeit
Härte

SCHÜTZE
Visionär
Spannung
kämpferisch
bedrohend

SKORPION
unheimlich
krisenhaft
jenseitsbezogen
Todesahnung

WAAGE
harmonisch
Gleichgewicht
künstlerisch
Fülle

JUNGFRAU
sorgend
genau
einsammeln
ernten

LÖWE
zeugend
produktiv
prächtig
verausgabend

KREBS
rückwärts-
gewandt
verletzliich
Innerlichkeit
Tiefe

ZWILLINGE
schöpferisch
leichtfüßig
heiter
neugierig

STIER
beharrend
naturhaft
Gewachsenheit
Sturheit

WIDDER
Kühnheit
Energie
Hoffnung
Rücksichts-
losigkeit

FISCHE
mitfühlend
empfindsam
Hingabe
mitteilend

WASSERMANN
kommunikativ
autonom
intellektuell
handelnd

hat und anschließend die eigenen Kinder fraß, weil er fürchtete, sie würden dasselbe mit ihm machen. Aber seine Frau schmuggelte eines dieser Kinder gleich nach der Geburt an ihm vorbei, Zeus, der dann den Vater mitsamt den Titanen besiegte und das Zeitalter der Olympier eröffnete. So bleibt Saturn der Verstoßene im Hintergrund, seine »Kinder«, die ihn im Horoskop haben, sind unglücklich. Aber man muss auch wissen, dass unter seine Herrschaft das Goldene Zeitalter fiel, in dem es kein Eigentum gab. Mehr noch: Die Renaissance entdeckte ihn als denjenigen, der mit der Melancholie auch die ruhebedürftige wissenschaftliche Betätigung fördert. Die mit der Astrologie verbundene Mythologie fördert das Vielschichtige am Charakter, sie ist nie langweilig.

Jupiter, der Sohn von Kronos, steht dann für ein glückliches Leben im Rechtszustand. Jupiter schützt die Ordnung in der Stadt, wozu er Hermes (meist mit dem lateinischen Namen Merkur bezeichnet) den Menschen zwei große Gaben schenken ließ: das Recht und die Scham, die man auch als Anstand auffassen kann. Astrologen hielten »seinen« Tag, den Donnerstag (*jeudi* im Französischen, *giovedì* im Italienischen), für günstig. Auch kann er in entsprechender Position den eher gefährlichen Saturn gewissermaßen in Schach halten. Jupiter steht jedenfalls für alles »Große«, »Großzügige«.

Zu Mars muss man nicht viel sagen. Obwohl er ein legitimer Sohn von Jupiter und Hera ist, hasst ihn der Vater als Unruhegeist, Kriegstreiber. Seine »Kinder«, die also ihn im Horoskop haben, sind auf entsprechenden Bildern von Feuer und Blut umgeben, zeigen sich jähzornig, lügnerisch, gefräßig – und das alles am liebsten mit roten Haaren.

Venus ist das gerade Gegenteil, sie steht für Lebensfreude, Fortpflanzung. Ihre »Kinder« sieht man auf Bildern in einem

Abbildung der Kinder des Saturn im *Hausbuch Wolfegg*, um 1480. Die Menschen arbeiten hart, eine Frau geht an Krücken, ein Mann ist in einem Kerker in Brettern eingesperrt.

Der deutsche Astronom Regiomontanus, Ersteller der Ephemeriden (also der Positionen der Sterne am Himmel), an denen sich zum Beispiel Kolumbus bei seiner Navigation orientierte, hat in seinem Buch *Natürliche Kunst der Astronomei* (Straßburg 1529) auch die Tradition der Astrologie vermittelt. Darin beschrieb er die Eigenschaften von Jupiter so: »In den stunden Jupiters ist guet Künig krönen / heyrat machen / kleyder schneiden unnd anlegen / guet allerley thier reiten / guet mit Künigen / Fürsten unnd geystlichen herrn handeln unnd reden. / Die stund bringet kaufleuten gueten gewinn in der substanz / ist alles guet darinn zu handeln was zur gerechtigkeit gehört. / Ein kindt geboren in Jupiters stund / wirdt vernünfftig unnd weltweiß / hat fromme leut lieb / kann guet radt geben / hat gerechtigkeit lieb / hat gern wolschmeckend ding :..«

Liebesgarten bei Tanz und Umarmung. Natürlich wird ihr große Macht bei Heiraten bzw. Ehebündnissen zugetraut, weil sie das Brautpaar unter ihre Fittiche nimmt.

Hermes/Merkur ist als Götterbote auch der Schutzherr von Nachrichten, fördert Erziehung und Können. Zu seinen »Kindern« zählen entsprechend Handwerker aller Arten, vom Maler über den Gelehrten bis zum Orgelbauer, zumal er nach der Mythologie die Lyra spielt, die er sich selbst aus einem Schildkrötenpanzer gebaut hat. Wer an den *Mercure de France* im 17. Jahrhundert denkt oder an Christoph Martin Wielands *Teutschen Merkur* im 18. Jahrhundert, merkt, dass Merkur zum Patron des Buches wurde, von da aus auch zu dem der Lexika und Enzyklopädien. Noch heute gibt es einen *Merkur* als wissenschaftliche Zeitschrift.

Sonne und Mond sind klar bestimmt: Die Sonne (im Französischen männlich als *le sol*) ist der Gabenspender, der seine Kinder heiter und ausgelassen macht. Der Mond (im Französischen weiblich als *la lune*) steht eher für das Empfangende, auch die Phantasie, macht »Laune«, die schließlich vom lateinischen *luna* für Mond stammt. Allerdings kann daraus auch Gefährliches erwachsen. Im Englischen steht *lunacy* für den Wahnsinn, Geisteskranke werden als *lunatics* bezeichnet.

Wer Bilanz zieht, wird bemerken, wie die Sternbilder zusammen mit den Planeten ein Tableau menschlicher Charakterzüge, Handlungsmöglichkeiten, Stärken und Defekte bilden. Man kann sich in dieser »Sprache« über den Menschen verständigen, hat es über Jahrtausende getan und kann sie als Bildungsfundus immer noch benutzen. Die heutige Psychologie mag weiter sein. Wer im wahren Leben Hilfe braucht, wird sich an Profis wenden, die auf der Höhe des Wissens operieren. Wer sich auf gehobene Weise unterhalten will, findet dagegen in der uralten Sprache von Mythologie und Astrologie Anregungen. Es ist nicht nötig, daraus Weissagungen für die Zukunft abzuleiten. Die Astrologie kann auch als reines Kunstwerk betrachtet werden.

Anwendungen

Wer heute Zeitgenossen fragt, ob sie an Horoskope »glauben«, stößt auf erstaunliche Ergebnisse – nämlich auf eine Zustimmung bis zu 25 Prozent, Tendenz (angesichts einer immer komplizierter werdenden Welt) eher steigend. Aber das noch Erstaunlichere ist eigentlich, dass die Zustimmung fast immer mit äußerst geringem Wissen verbunden ist. Es sind gerade die einfachsten Zuordnungen, die am ehesten geglaubt werden. Psychologen sprechen dabei vom sog. Barnum-Effekt, nach dem amerikanischen Zirkusbesitzer Phineas Taylor Barnum im 19. Jahrhundert, der »etwas für alle« anbot, um Erfolg zu haben. Auch Horoskop-Lesern genügen einfachste Aussagen, die sie auf ihre eigene Lage beziehen und in ihrer »Wahrheit« dann gerne bestätigen.

Darin zeigt sich wenig von der großen Kunst, deren Geschichte in diesem Buch nachgezeichnet wurde. Von einer Kunst, die wesentlich mit unserer Kultur zusammenhing und noch heute zu den bedeutenden Zeugnissen dieser Kultur zählen darf. Es ist nicht zuletzt der Streit um die Astrologie von Anfang an und in allen ihren bedeutenden Phasen, die für die europäische Kultur so charakteristisch ist. Wir haben – zugespitzt gesagt – Argumentieren auf hohem Niveau auch anhand der Astrologie gelernt. Und nicht zuletzt ist einiges davon erhalten geblieben, ohne das manche Zusammenhänge im kulturellen Leben kaum begriffen werden können.

Um ein Beispiel zu geben: Die Oper *Otello* von Giuseppe Verdi aus dem Jahr 1887 endet mit der fürchterlichen Szene, in der der Titelheld in blinder Eifersucht seine unschuldige Frau Desdemona tötet. So hat es Shakespeare 1603 oder 1604 in seinem Theaterstück *The Tragedy of Othello, the Moor of Venice* vorgegeben, und er bietet auch durch den Mund der Zofe eine Erklärung: Es war ein »Barbar«, der dies ganz und gar Unverständliche verübte – der Held ist nicht zufällig ein »Mohr«, der in Diensten Venedigs Karriere machte. Verdis Librettist Arrigo Boito sucht jedoch das Unfassbare anders begreiflich zu machen. Und so lässt er Otello zur bereits toten Desdemona den Satz sagen: »Du frommes Geschöpf, unter einem bösen Stern geboren!« Das Publikum, an »Mohren« mittlerweile gewöhnt

Eigenschaften der Planeten

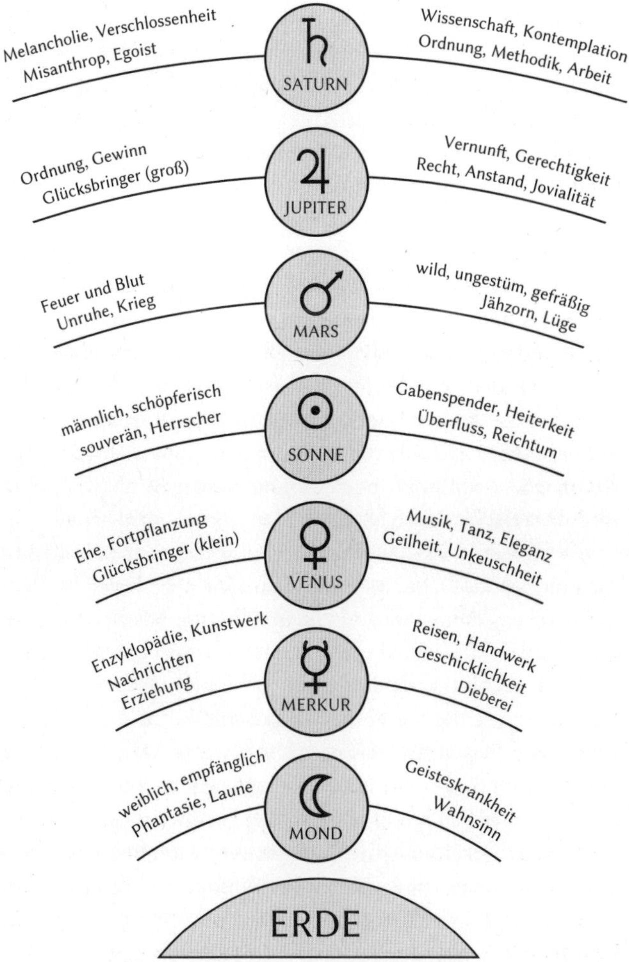

und kaum bereit, in ihm per se einen Täter solchen Formats zu sehen, wird es – sternengläubig wie eh und je – verstanden haben: Nein, so etwas tut kein Mensch, so etwas wird veranlasst. Der astrologische Glaube bringt demnach eine gewisse »Entlastung« angesichts zu viel menschlicher Niedertracht. Nein, so sind Menschen nicht, wir können beruhigt nach Hause gehen, nur leicht fröstelnd aufgrund der Tatsache, dass »von oben« einiges kommen kann.

Es ist also nicht schlecht, wenn man bei der Betrachtung von Werken der Kunst in unserer Kultur etwas von Astrologie versteht. Wirklich Spaß aber macht es, mit diesem Wissen etwas anzufangen, es anzuwenden. Ich habe schon wiederholt im Freundeskreis Horoskope erstellt. Nicht so, wie es die Profis tun würden, die damit Geld verdienen und ihre Kunden mit einem großen rechnerischen Apparat beeindrucken. Nein, mit bescheideneren Mitteln, nur mit den Anfangsgründen der Astrologie, was immer noch bloßen Aussagen über Sonnenzeichen weit überlegen ist. Ich will es einmal vormachen.

Ich lasse mir das Geburtsdatum sagen, nach Möglichkeit auch die genaue Geburtsstunde. Dann kann ich loslegen. Nehmen wir an, mein Proband (oder sollte ich besser Opfer sagen?) ist am 25. Februar um 9 Uhr vormittags geboren. Dann weiß ich als Erstes, dass er im Sternbild der Fische zur Welt kam bzw. dass die Sonne in den ersten Graden dieses Sternbilds stand (das vom 20. Februar bis zum 21. März reicht). Ich weiß weiter, dass um 9 Uhr die Sonne seit drei Stunden aufgegangen war (ich bin großzügig und berücksichtige nicht die reale Aufgangszeit, die im Winter etwas später liegt). Ich trage nun die Sonne in ein vorbereitetes Tierkreisbild ein und muss dabei diesen Tierkreis justieren. Dazu hilft mir die Vorstellung von der täglichen Umdrehung der Sonne um die Erde. Die

Sonne geht im Osten auf, erreicht am Mittag den Zenit und geht im Westen unter. Ich lege den Horizont mitten durch den Tierkreis, so dass die Sonne in den Fischen schon seit drei Stunden weitergewandert ist. Ganz im Osten, auf meinem Bild ganz links direkt auf der Linie des Horizonts, ging also um 9 Uhr das Sternbild des Widders auf.

Damit weiß ich etwas sehr Wichtiges: Dieser Punkt des Aufgangs ist ja der Aszendent. In diesem Aszendenten steht der Widder – mein Proband ist also ein »Widder-Kind«. Ich weiß auch, welcher Planet in diesem Sternbild seine Wohnung hat: nämlich der nicht gerade zahme Mars, der sich allerdings nicht in seiner »Wohnung« aufhält, sondern weit weg, was beruhigend ist. Das Horoskop liegt damit in einigen wesentlichen Punkten fest. Wenn man weitermachen will, muss man wissen, wo sich die anderen Planeten zum Zeitpunkt der Geburt befanden. Das ist allerdings mehr als schwierig zu bestimmen. Man kann zwar im Internet unter den Ephemeriden nachsehen und die einzelnen Positionen für den Geburtstag zum angegebenen Tag und Jahr ablesen. Aber diese Positionen sind in Weltzeit und auf Äquatorhöhe notiert, was auf die Mitteleuropäische Zeit und den Breitengrad meines Probanden umgerechnet werden muss. Genau das kann ich nicht. Ich habe mir einmal die mathematischen Formeln angesehen und das Buch sofort wieder geschlossen.

Weil ich meinen Freunden ohnehin nur eine Freude machen will, fahre ich trotzdem fort und trage die Planeten dort ein, wo es mir gefällt bzw. wo ihre Winkel zueinander günstig sind. Außerdem wähle ich ihre Orte so, dass sie in interessanten Häusern liegen. Ich folge also schlicht meiner Phantasie, passe nur auf, Venus und Merkur nahe bei der Sonne zu lassen, weil die sich nie weit von ihr entfernen können. Wenn ich meinen Probanden »mag«, setze ich Jupiter ins 6. Haus (der Gesundheit), Venus ins 7. (der Ehe), den am weitesten entfernten Saturn ins 9. (für entsprechend weite Reisen, vielleicht nach China), die Sonne ins 11. (der Freunde) und so weiter und so fort. Ich achte natürlich auch auf gute »Aspekte«: Mond und Mars im Trigon, ebenso Saturn und Sonne, während Sonne und Venus im Sextil stehen, was genauso günstig ist.

Am Ende habe ich ein falsches, aber schönes Bild, das allen Betrachtern Freude macht. Und Bildung kann ich auch noch zeigen, indem ich wundervolle Geschichten über Mythologisches erzähle, speziell – falls der Proband ein Wissenschaftler sein sollte – über den melancholischen Saturn samt seiner Rolle als Kinderfresser. Dabei ist es mehr als wahrscheinlich, dass ich den Probanden finde, auf den das eben geschilderte Horoskop zutrifft, denn der Probant ist niemand anders als – ich selbst.

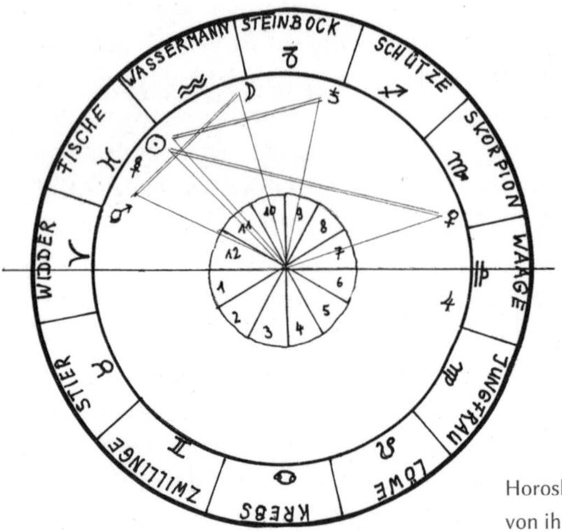

Horoskop des Autors, von ihm selbst gefälscht

Lektüretipps

Udo Becker (Hrsg.): Lexikon der Astrologie. Freiburg [u. a.] 1981.

Dieter Blume: Regenten des Himmels. Berlin 2000.

Paul Cassirer: Individuum und Kosmos in der Philosophie der Renaissance. Leipzig 1927.

Eugenio Garin: Astrologie in der Renaissance. Frankfurt a. M. / New York 1997.

Angelika Geiger: Wallensteins Astrologie. Wallensteins Horoskop. Graz 1983.

Karl-Heinz Göttert: Magie. München 2001.

Anthony Grafton: Cardanos Kosmos. Berlin 1999.

Jürgen Hamel: Astronomiegeschichte in Quellentexten. Heidelberg [u. a.] 1996.

Handwörterbuch des deutschen Aberglaubens. Hrsg. von Hanns Bächtold-Stäubli. Berlin/Leipzig 1927–1942. (ND 1987.)

Dieter Harmening: Superstitio. Berlin 1979.

Lorenz Jäger: Die schöne Kunst, das Schicksal zu lesen. Springe 2009.

H. Frhr. von Klöckler: Astrologie als Erfahrungswissenschaft. Leipzig 1927.

Wilhelm Knappich: Geschichte der Astrologie. Frankfurt a. M. 1967.

Otto Mazal: Die Sternenwelt des Mittelalters. Graz 1993.

Rudolf Mett: Regiomontanus. Stuttgart/Leipzig 1996.

Oskar A. H. Schmitz: Der Geist der Astrologie. Hamburg 1937.

Strauß, Heinz Artur: Der astrologische Gedanke in der deutschen Vergangenheit. Berlin 1926.
Kocku von Stuckrad: Geschichte der Astrologie. München 2007.
Lynn Thorndike: The History of Magic and Experimental Science. New York 1932–1958.
Heike Talkenberger: Sintflut. Prophetie und Zeitgeschehen in Texten und Holzschnitten astrologischer Flugschriften 1488–1528. Tübingen 1990.
Wilhelm Th. H. Wulff: Tierkreis und Hakenkreuz. Als Astrologe an Himmlers Hof. Gütersloh 1968.